나를
바꾸는
아름다운
물음표

삶의 7가지 질문과 묵상 에세이의 따뜻한 만남

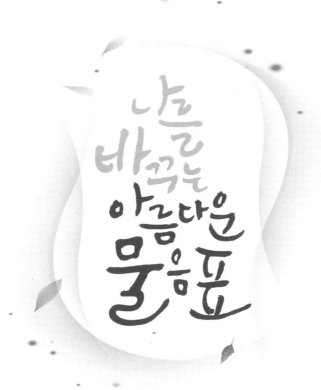

나를 바꾸는 아름다운 물음표

이재기 지음

사랑빛는 글방

Contents

Contents

추천의 글

하나의 좋은 질문은 열 개의 멋진 대답보다 더 많은 배움의 기회를 우리에게 제공합니다. "너희는 나를 누구라 하느냐?"고 물으신 예수님의 최고의 질문에 "주는 그리스도시요 살아계신 하나님의 아들이시니이다."라는 베드로의 최고의 대답이 나왔습니다. 세 번이나 주를 모른다고 부인하였던 베드로에게 "네가 나를 사랑하느냐?"고 세 번 물으셨던 주님의 질문은 무너진 베드로를 세우고 1세기 교회 목양의 근간을 세우는 터전이 되었습니다.

이재기 목사님의 책 "아름다운 물음표"는 모든 인생이 꼭 물어야 할 치명적 질문 일곱 가지를 우리에게 제시합니다. 주장과 선포는 많고 제대로 된 질문이 부족한 이 시대에 얼마나 반갑고 감사한 책인지 모르겠습니다. 한편 저자는 인생에 대한 따뜻한 시각과 친절한 마음씨를 가지고 그 질문 옆에 함께 서 있습니다. 누군가를 가르치려 하기보다 먼저 친구가 되어주셨던 예수님의 모습과 많이 닮아 있습니다. 삶의 물음표가 많아지는 다음 세대, 갈수록 답하기 어려워지는 부모세대, 믿는 자의 삶이 무엇인지 궁금한 초신자, 삶으로 풀어내는 믿음 앞에 도전받는 기신자 모두에게, 이 책은 평생 옆에 두고 대화할 수 있는 좋은 동반자가 될 것을 믿고 추천합니다.

김대진 목사 | 씽크와이즈 대표, 하늘누리교회 담임

추천사를 부탁받은 연고로 저자의 귀한 칼럼집이 책으로 되어 나오기 전에 먼저 읽는 행운을 누리게 되었습니다. 자칫 간과할 수도 있었던, 사소하게 보이지만 가장 중요하고도 본질적인 여러 질문(물음표)들을 통해 '과연 하나님께서는 우리가 어떤 삶을 살기 원하시는가?'에 대한 답을 지루하지 않고 간결하면서도 맛깔나게 풀어내는 저자의 글솜씨를 본서에서 만나볼 수 있었습니다. 주님을 사랑하는 모두에게 이 책을 읽어볼 것을 추천하는 바입니다.

김덕신 목사 | 에스라 성경연구원장, 코스타 강사,
수원 제일성서침례교회 담임

"Why를 알지 못하는 사람은 How를 알지 못한다."는 말이 있다. 이유를 알지 못하는 사람은 어떻게 살아야 하는지 알지 못한다. 이재기 교수님의 이 책은 질문을 통해 인생을 가장 아름답게 그리고 잘 살 수 있는 길을 그림처럼 보여주고 있다.

김승호 교수 | 한국 성서대 교수, 한국 로잔연구교수회 회장

마음과 생각을 글로 쓴다는 것은 쉬운 일은 아닙니다. 마음은 계속 흘러가고, 생각은 자꾸 바뀝니다. 그래서 누구든지 그렇겠지만, 더더욱 목회자에게 마음과 생각을 잘 표현하기는 조심스럽습니다. 그러나 이재기 목사님의 글 속에는 진솔한 마음의 향기와 하나님과 사람에 대한 애정이 묻어나는 생각이 담겨 있습니다. 누구나 이 책을 읽으면서 가벼운 마음으로 읽기 시작해서, "그렇구나"라는 공감이 가득해지게 될 것입니다.

김한수 목사 | 한국NCD[자연적 교회성장] 대표

얼마 전 제가 좋아하는 이재기 목사님의 페이스북 글을 읽고 아침 생방송에서 오프닝 멘트를 전했습니다. 수많은 방송 가족들이 문자 사연 공감하여 주셨고, 마음의 감동을 표현해 주셨습니다. 누군가에겐 평범한 일상일 수 있으나 그 속에서 울림 있게 전해오는 비범한 메시지는 목사님의 책을 읽을 때마다 느끼는 마음입니다. 따뜻한 지성과 감성 영성이 묻어나는 이번 책을 여러분에게 추천합니다.

송옥석 PD | 울산 극동방송 방송부장

이재기 목사는 훌륭한 스토리텔러다. 그는 실체적인 신앙, 주님과의 인격적인 동행, 관계적인 신학이라는 개념적이고 추상적인 진리를 그의 평범하고 진솔한 삶의 이야기 그릇에 담아 우리에게 전달해 주고 있다. 우리는 문제가 무엇인지조차 분간 못 하는 문제들 속에 갇혀 답답해한다. 우리는 답을 찾기에 바빠 바른 질문을 찾아낼 사색에 서투르다. '아름다운 물음표'를 통해 저자는 우리에게 다가와 우리의 문제를 인식하도록 명의名醫의 침 같은 정확한 질문으로 생각을 자극한다. 그리고는 세례 요한처럼 흔들거림 없는 손짓으로 예수님과 그의 진리의 자리로 가라고 우리를 재촉한다. 그리고 그의 손끝이 가리키는 바로 그곳에서 우리의 모든 문제와 질문에 대한 절대적이고 궁극적인 답the Answer이 되시는 예수님과 그분의 말씀 속에서 속이 뚫리도록 시원한 실제적인 답을 듣게 된다. 이 책은 여러 조각의 단상을 모아 놓은 책이 아니다. 목회자로서 신학자로서 저자는 한국교회 성도들이 성도다운 삶을 살기 위해 물어야 할 본질적인 질문들을 던진다. 이 책은 그 질문들을 통해 성경적인 사색을 자극하고 유도하기 위해 쓰인 신앙 교육서이다. 모든 성도가 이 책을 읽고 성경적 의식이 확립되었으면 하는 마음이 간절하다.

양승헌 목사 | 세대로교회 담임, 파이디온 선교회 설립자,
전 합동신학대학원 교수

감사의 글

저희 부부는 두 자녀를 키웠습니다. 아이들은 자라면서 많은 질문을 던졌습니다. "아빠, 아직 집에 가려면 멀었어?"와 같은 아주 단순한 질문에서부터 "여기가 경기도면 대한민국은 어디야?"와 같은 엉뚱한 질문, "노아의 방주에 공룡도 들어갔어?"와 같이 좀 난해한 질문, 그리고 "하나님은 누가 만들었어?"와 같은 신학적인 질문들이 그것입니다. 그렇게 아이들은 매사에 궁금증을 가졌고 그것들에 대해 물음표를 붙이며 자라갔습니다.

어른이 된다는 것의 슬픈 점은 우리가 더 이상 잘 질문하지 않는다는 것입니다. 우리는 세상과 삶에 익숙해지면서 타성에 젖고 호기심을 잃어버립니다. 좀 의아스러운 것이 있어도 그냥 그러려니 하고 넘어갑니다. 먹고 사는 일로 너무 힘들고 바빠서 생존에 꼭 필요한 것 이외의 질문은 어쩌면 사치처럼 여겨지는지 모릅니다. 여하튼 우리는 점점 질문을 잃어갑니다.

특별히 주입식 교육에 오랫동안 길들여진 우리 한국인들은 더욱 그렇습니다. 제가 미국에 유학 가 수업을 하면서 가장 인상적이었던 것은 질문하는 학생들이 상당히 많았다는 점입니다.

어떤 경우는 좀 짜증이 날 지경이었습니다. "진도"를 나가야 하는데 바보 같은 질문으로 방해를 받는다는 생각이 들었기 때문입니다. 제게 질문은 수업에 별로 필요하지 않은 일종의 액세서리 같은 것이었습니다.

그러나 그렇게 질문을 잃어버린 대가는 생각보다 큽니다. 우리는 창의적으로 그리고 주도적으로 생각하는 데 어려움을 겪습니다. 무엇이 문제이며 무엇을 더 알아야 하며 뭐가 정말 중요한지도 잘 파악하지 못합니다.

오바마가 현직 미국 대통령이었을 때의 일입니다. 기자회견을 하는 가운데 한국기자들의 질문이 너무 없자 아예 한국기자를 지목해서 기회를 따로 주었는데도 질문은 들어오지 않았습니다. 영어의 문제라기보다는 순발력 있게 질문할 정도의 사고思考 능력이 부족했던 것입니다.

그렇습니다. 질문하는 능력은 생각하는 능력과 연결됩니다. 생각하지 않으면서 어떻게 성장할 수 있을까요? 그뿐이 아닙니다. 질문하지 않으면 제대로 배울 수 없습니다. 그리고 답을 얻을 수도 없습니다. 하여 질문을 잃어버린 우리는 마땅히 그래야 하는 것만큼 발전하거나 성장하지 못합니다. 이는 영적인 영역에서도 마찬가지입니다.

우리는 우리의 삶에서 물음표를 회복해야 합니다. 예수님은 우리에게 많은 질문을 던지셨고 우리로 하여금 스스로 질문하도록 유도하셨습니다. 이를테면 "아름다운 물음표"를 붙이게 하신 것입니다. 그렇게 함으로써 이 세상의 관습이나 조류에 무분별하게 휩쓸리지 않고 영적 타성에도 젖지 않으며 진리를 발견할 수 있도록 도우신 것입니다. 그렇게 함으로써 우리 자신을 더 성숙한 그리스도의 제자로 바꾸어 나갈 수 있도록 이끄신 것입니다.

이 책은 우리의 올바른 삶과 신앙에 꼭 필요한 7개의 큰 질문으로 구성되어 있습니다. 그리고 각각의 질문에 대해 여러 개의 에세이들로 대답을 대신합니다. 비록 조직적이고 논리적인 방식으로 답을 주진 않지만 이 묵상 에세이들은 독자들로 하여금 관련된 질문에 대한 생각을 하도록 유도하고 그럼으로써 질문에 대한 답을 스스로 찾을 뿐 아니라 변화와 성장을 경험할수 있게 도울 것입니다. 누군가가 진지한 물음표는 느낌표로 이어진다고 했는데 이 책을 읽으면서 그런 일이 일어나기를 소망해봅니다.

이 책에 담긴 묵상 에세이들은 거의 대부분 지난 10년간 제가 섬기는 사랑빛는교회를 위해 쓴 글들입니다. 책으로 묶는 과정에서 표현과 예화 등의 일부 수정과 보완, 편집이 있었지만 그 기본적인 내용은 원래 그대로임을 밝혀 드립니다. 각 에세이의 말미에 보면 처음 썼던 날짜가 기록되어 있습니다.

이 책이 나오기까지 기도하고 애써주신 모든 분에게 감사를 드립니다. 이런 묵상 글을 정기적으로 쓸 수 있도록 장을 만들어 주시고 부족한 목사의 말씀 사역을 위해 사랑으로 기도해주신 사랑빛는교회 성도들에게 마음으로부터 감사를 표합니다. 바쁜 시간을 쪼개 원고를 읽고 과분한 추천사로 책을 빛내주신 김대진, 김덕신, 김한수, 양승헌 목사님과 김승호 교수님, 그리고 송옥석 극동방송 피디님에게 깊이 감사드립니다. 탁월한 감각을 발휘하여 예쁜 책으로 디자인해준 최원희 자매에게도 고마움의 마음을 전하고 싶습니다. 또한 이 책의 모든 내용을 꼼꼼히 읽고 매의 눈으로 교정했을 뿐 아니라 모든 과정 동안 함께 해줌으로써 부족한 사람의 10번째 책 출간을 크게 도와준 아내에게도 사랑과 감사를 보냅니다. 마지막으로 내 인생 물음표의 참된 대답이 되시는 나의 주님 예수 그리스도께 감사와 찬양과 영광을 올려드립니다.

하늘이 몹시 푸르른 시월의 어느 날,
사랑빛는교회 목양실에서

이재기 목사

프롤로그

당신의
삶에
물음표를
달아라

당신의 삶에
물음표를 달아라

목사안수를 받기 전 저는 제 석사학위 논문 지도교수였고 또 안수 위원 가운데 한 분이었던 달라스 신학대학원의 러니어 번스 박사님Dr. J. Lanier Burns을 찾아가 안수 고시에서 어떤 식의 질문을 할 것인지에 대해 대강 아이디어를 줄 수 없느냐고 물었습니다. 그분은 저를 쳐다보면서 "내가 자네에게 어떤 질문을 하였으면 좋겠냐?"고 되물었습니다. 제가 좀 머뭇거리고 있자 그분은 제게 하루의 시간을 줄 테니 목사가 될 사람에게 질문할만한 것을 열 가지 정도 적어오라고 했습니다. 그러면서 그분은 "어떤 질문을 써오는가를 보면 자네가 목사 될 자격이 있는지를 짐작할 수 있을걸세."라고 말했습니다. 알았다며 연구실의 문을 나가려는 제게 그분은 이렇게 덧붙였습니다. "자네 그거 아는가? 종종 질문은 대답보다 더 중요하다는 사실을 말이야."

그분의 말을 상기하면서 저는 최근에 어떤 질문을 하고 살았는가를 생각해보았습니다. 나 자신의 영혼과 삶에 대해서, 교회에 대해서, 이 세상의 풍조와 흐름에 대해서, 그리고 하나님의 나라와 그분의 계획에 대해서…. 무엇이든 당연시하고 그냥 흘려보내는 대신 정신의 스위치를 켜고 제대로 된 질문들을 얼마나 하였는지 자신을 반성하였습니다.

　질문은 중요합니다. 질문한다는 것은 생각함을 의미합니다. 그것도 수동적이 아니라 능동적으로, 무비판적이 아니라 비판적으로 생각함을 의미합니다. 중세 스콜라 신학자였으며 인기"짱"의 교수였던 피터 아벨라르드Peter Abelard는 자신의 학생들에게 당시 가톨릭교회가 별 근거 없이 고수했던 여러 전통에 대해 의문을 품고 질문할 것을 장려했습니다. 그는 자신의 저서 『예 그리고 아니요』Sic et Non에서 "우리는 의심해야 연구하게 되며 연구해야 진리를 발견하게 된다."라는 유명한 말을 남겼습니다.

　질문은 발전과 개혁의 원동력입니다. 질문이 없었다면 지금 우리가 누리고 있는 과학적 발전과 수많은 발명품은 없었을 것입니다. 학문적 성취와 기업의 혁신도 물론 없었을 것입니다. 뉴턴은 만유인력을 발견하지 못했을 것이고 칸트는 자신의 비평 철학을 발표하지 못했을 것이며 인간은 달에 우주선을 보낼 수 없었을 것입니다. 지금 우리가 누리고 있는 모든 편리한 기기들과 제도들도 누군가가 끊임없이 "더 나은 것은 없을까?"라고 질문한 데서 기인했을 것입니다.

　뿐만이 아닙니다. 따지고 보면 사회개혁과 교회갱신도 누군가의 질문에 그 빚을 지고 있지 않을까요? "이게 옳은 것인가?" "꼭 이렇게만 해야 하는가?" "우리는 제대로 가고 있는 것인가?"와 같은 질문들 말입니다. 질문한다는 것은 영적 도덕적으로도 참으로 중요한 함축성을 지니고 있습니다. 생각해보십시오. 자신의 영혼과 그 운명에 대한 진지한 질문이 없이 구주이신 예수님과 그분의 복음에 관한 관심이 생길 수 있을까요? 인생의 참된 의미와 목적에 대한 겸손한 질문이 없이 영적 성장과 제자로서의 삶이 시작될 수 있을까요? 이 세상에서 우리가 경험하는 여러 가지 모순과 고통과 어려운 이슈들에 대한 용기 있는 질문이 없이 성숙하고 건강한 영성을 소유할 수 있을까요? 하나님의 나라와 그분의 미션에 대한 열정적 질문이 없이 기독교 사역에 자신의 삶을 헌신할 수 있을까요?

우리는 질문하기를 배워야 합니다. 질문한다는 것은 쉬운 것 같지만 결코 쉽지 않습니다. 예수님은 우리가 스스로 잘 질문하지 않는 것을 아셨기 때문에 자주 질문을 던지심으로써 우리의 생각을 자극하려 하셨습니다. "너희는 나를 누구라고 하느냐?"라는 그분의 질문은 제자들의 마음속에 "우리가 스승으로 모시는 이분이 참으로 누구이신가?"라는 질문을 불러일으켰을 것입니다. "네가 나를 이것들보다 더 사랑하느냐?"라는 질문은 예수를 세 번이나 부인했던 베드로로 하여금 "주님에 대한 나의 사랑은 과연 어떤 것인가?"라고 묻지 않을 수 없도록 만들었을 것입니다. "네가 낫고자 하느냐?"라는 주님의 질문은 삼십팔 년

된 지체장애인에게 회복에의 참된 의지와 회복이 가져다주는 삶의 모든 함의에 대해 생각하게 했을 것입니다.

예수님처럼 우리가 그냥 지나치고 있는 것들에 대해 질문을 던져주고 생각을 자극하는 스승을 둔 사람은 참으로 행복한 사람입니다. 우리는 우리의 교수님이나 목사님이나 존경하는 선배, 심지어는 책을 통해 만나는 작가들 가운데서 이런 스승을 발견할 수 있을 것입니다. 그러나 무엇보다도 우리는 우리 스스로 제대로 된 질문을 던지면서 사는 사람이 되어야 합니다.

제 서재에는 내가 참으로 좋아하며 닮고 싶은 작가 필립 얀시Philip Yancey의 책이 여러 권 꽂혀 있는데 그 가운데『나는 그냥 궁금했습니다』I was just wondering라는 제목의 책이 있습니다. 그 책은 6부로 되어 있는데 각 부의 서두에는 작가 스스로가 제기한 수십 가지의 질문들이 나열되어 있습니다. 저는 그 질문들을 읽으면서 얀시가 왜 뛰어난 작가인가에 대한 한 가지 중요한 이유를 알게 되었습니다. 그는 아무도 묻지 않거나 소수의 사람만이 물어볼, 그러나 그런데도 전혀 피상적이거나 사소하지 않은 문제들에 대해 질문했고 그에 대한 답을 찾으려 했던 것입니다. 그러고 보니까 그의 저서들 가운데『내가 고통당할 때 하나님 어디 계십니까?』Where is God When It Hurts?나『은혜는 뭐가 그렇게 놀라운가?』What's So Amazing About Grace?와 같은 훌륭한 책은 제목 자체가 질문으로 되어 있기도 합니다. 훌륭한 질문이 훌륭한 책을 만들었다고 말한다면 너무 단순한 분석일까요?

올바른 질문을 하십시오. 그것은 우리를 변화시킬 것입니다. 삶에 대해 올바른 질문을 한다면 우리의 삶도 올바른 방향으로 나아갈 것입니다. 사도 바울도 질문을 통해 그 삶의 방향을 잡았습니다. 잘 알겠지만 바울은 원래 교회를 핍박하던 열혈 바리새인이었습니다. 그는 종교적 광기에 휩싸여 예수 믿는 자를 잡아 죽이기 위해 다메섹으로 가다가 그 길에서 부활하신 예수 그리스도를 만나게 됩니다. 그때까지 살면서 한 번도 본 적이 없었던 휘황찬란한 빛에 눈이 먼 그는 땅에 엎드린 채 두 가지의 질문을 하는데 그것은 바울의 삶을 혁명적으로 바꾸어놓는 결과를 가져왔습니다. 그는 예수님께 "주여 당신은 누구십니까?"라고 물었고 "나는 네가 핍박하는 예수라."는 그분의 대답을 들었습니다. 그런 다음 그는 "주여 내가 무엇을 하기 원하십니까?"라고 질문했습니다. 바울이 위대한 삶을 살 수 있었던 것은 그가 이처럼 본질적이고도 중요한 질문을 했기 때문이라 생각합니다. "예수가 도대체 누구인가?"와 "그분이 정말 하나님의 아들이며 부활의 주님이라면 그분은 내가 무엇을 하며 살기를 원하시는가?"라는 질문을 하지 않은 인생은 결코 성공적인 인생이 될 수 없습니다. 아니 하나님의 관점에서 보면 아예 삶이 시작되지도 않은 것과 같을지 모릅니다.

제대로 된 질문은 삶의 방향을 잡게 하며 영혼을 성장하게 하며 건강한 영성을 갖고 살도록 우리를 도울 것입니다. 아벨라르드가 그랬던 것처럼 의문을 품으십시오. 무엇이든 당연시하지 말아야 합니다. "왜?"라고 물으십시오. 근거가 무엇인지 질문하십시오. 편견과 고정관념은 영혼의 독과 같습니다. 얀시가 그랬던 것처럼 거룩한 호기심을 품으십시오. 궁금해하기 바랍니다. "왜 많은 크리스천이 용서의 기쁨보다는 죄책감을 더 느끼는지?" "왜 하나님은 다양한 인종을 만드셨는지?" "왜 성경에 남녀의 사랑을 노래한 아가서 같은 책이 들어있는지?" 물어보기 바랍니다. 그뿐만 아니라 여러 영역의 혁신가와 개혁자들이 그랬던 것처럼 전통이나 고정관념에 물음표를 달고 꼭 이렇게만 해야 하는지, 더 나은 길은 없는지 질문하고 또 질문하십시오. 무엇보다도 사도바울이 그랬던 것처럼 예수 그리스도라는 분의 정체성이나 자신의 인생을 향한 신적 소명과 같은 삶의 본질적인 문제에 대해 질문하기를 주저하지 말아야 합니다.

몇 년 전에 나온 책 중에 『쉼표가 있는 삶』이라는 제목의 책이 있었습니다. 쉼표도 필요하지만 우리의 삶에는 참으로 물음표가 필요합니다. 당신의 삶에 물음표를 다십시오. 왜냐하면 종종 질문은 대답보다 더 중요하기 때문입니다.

2006. 11. 21.

나를 바꾸는 아름다운 물음표

1부

관계,
어떻게
하지?

칭찬, 하늘의 언어

일전에 저는 한 잡지사 직원에게 전화를 받았습니다. 학교 도서관에서 보는 잡지의 구독 기간이 만료되었다며 다시 구독하라는 내용이었습니다. 그녀는 매우 밝은 목소리로 재구독에 따르는 여러 특전을 말해주었는데 안타깝게도 전화의 감이 좋지 못해서 잘 들리지 않았습니다. 아마 회사에서 인터넷 전화로 거는 것 같았습니다. 그녀의 말이 잘 들리지 않아서 몇 번을 되묻다가 마침내 "목소리는 예쁜데 전화 감이 형편없으니 회사에 말해서 전화를 바꿔 달라고 하시죠."라고 한 후 전화를 끊었습니다. 후에 이메일로 계약 내용이 들어왔고 다시 계약확인을 위한 전화가 왔는데 그녀는 목소리 예쁘다는 칭찬을 생전 처음 들어서 기분이 너무 좋다는 말을 반복해서 하였습니다. 정말 기분이 좋은 것 같았습니다. 덕분에 아주 부드럽게 계약을 했고 기존의 혜택 외에 5개월 무료 구독연장의 혜택까지 받았습니다.

『칭찬은 고래도 춤추게 한다』라는 제목의 책이 있습니다. 켄 블랜차드Ken Blanchard가 쓴 이 짧은 책은 인간관계와 조직 관리에서 칭찬의 중요성을 말해주고 있는 책입니다. 제목이 암시하는 것처럼 칭찬의 위력은 3톤이 넘는 고래도 자기를 지켜보는 관중들 앞에서 춤추게 할 수 있을 만큼 큰 것입니다. 가장 강력한 동기부여 요인motivator이자 자신감 부스터인 셈이죠.

우리나라는 유교의 영향 때문인지 칭찬에 다소 인색한 경향이 있는 것 같습니다. 학교에 다니면서, 심지어는 가정과 교회에서도 칭찬을 들어본 기억이 그리 많지 않습니다. 오히려 핀잔과 책망과 비난에 더 익숙해져 있는 것이 일반적인 경험이지요. '그것밖에 못 하냐?' '너는 왜 그 모양이냐?' '정말 한심한 인간이구나' 등의 날 선 말에 찔려 피를 흘리고 자존감에 심각한 상처를 입은 사람들이 적지 않습니다. 이로 인해 일평생을 잔뜩 위축되어 자신감 없이 살아가는 사람도 그 수가 만만치 않을 것입니다.

칭찬을 잘 하지 않는 사람들 가운데는 나름의 이유를 대며 자신의 행위를 정당화하는 사람도 있습니다. 제 친구 한 사람은 설교자에게 설교에 대한 칭찬이나 격려의 말을 절대 건네지 않는다고 하면서 설교하는 목사님이 교만해질까 봐 그렇게 한다고 말했습니다. 목사님의 영성을 걱정하는 그의 마음은 갸륵하지만 글쎄요? 좀 오버하는 것 같기도 하고….

그런가 하면 칭찬과 아첨을 구분하지 못하고 모든 칭찬을 아첨으로 여겨 칭찬이라면 무조건 거부감을 느끼는 사람도 있습니다. 어떤 사람은 누군가를 칭찬하는 것이 꼭 자신의 열등함을 인정하는 것 같아서 자존심을 상해하는 사람도 있습니다. 물론 본인이 너무 잘 나서 칭찬할 것이 눈에 보이지 않아 안 하는 사람도 더러 있겠죠.

그러나 이 모든 이유는 올바른 것이 아닙니다. 칭찬은 정말 좋은 것입니다. 그것을 받아 본 사람은 굳이 설명하지 않아도 다 압니다. 제가 전에 섬기던 교회에서 청년 리더들과 수련회를 간 적이 있었습니다. 한방에 둥그러니 둘러앉아 옆에 있는 사람의 좋은 점을 칭찬하는 순서를 가졌는데 많은 웃음이 터지면서 분위기가 좋아지고 서로 간에도 더 가까워지는 일들이 있었습니다.

돈이 드는 일도 아닌데 왜 우리는 이 좋은 칭찬에 인색할까요? 앞에서 유교 문화 언급을 잠깐 했지만 가장 큰 이유는 그냥 익숙하지 않아서일 것입니다. 대체로 우리는 칭찬하는 문화에 노출된 경험이 많지 않습니다. 별로 칭찬을 받아본 경험도 없고 칭찬의 모델을 본적도 드물어서 잘 하지 않는 것으로 생각됩니다. 안 하던 일을 하려니 쑥스럽게 느껴지고 어색하고 뭐 그런 거겠죠.

우리가 알아야 할 사실은 칭찬이 그저 인간관계의 기술 정도가 아니라 신학적 의미를 지닌 행위라는 것입니다. 사실 칭찬은 하나님이 그 창시자라고 할 수 있습니다. 그분은 인간을 만드신 후 제일 먼저 그들에게 축복의 말씀을 하셨습니다. 그리고 그 만드신 것이 보시기에 심히 좋았다고 평가하셨습니다. 그분은 또한 송사를 일삼는 사탄 앞에서 욥을 칭찬하셨고 독생자 예수 그리스도의 메시아직 취임식과 같은 침례(세례) 때는 당신의 사랑하는 아들이라면서 그분을 공적으로 칭찬하기도 하셨습니다.

요즈음 방언을 "하늘의 언어"라고 말들 하지만 이런 면에서 보면 칭찬이야말로 하늘의 언어입니다. 칭찬하는 사람은 하나님을 닮은 사람입니다. 그는 천국의 언어로 말하는 사람입니다. 아담이 타락하기 전 에덴동산에서 자신의 배우자인 하와를 보고 맨 처음 한 말이 무엇입니까? "이는 내 뼈 중의 뼈요, 살 중의 살"이라는 극찬이었습니다. 이로 인해 하와가 교만해졌나요? 아담의 자존심이 깎였나요? 그렇지 않습니다. 사실 칭찬은 건강한 자존감을 지닌 사람이 더 잘할 수 있습니다. 가정과 교회에서 축복, 칭찬과 같은 하늘의 언어를 더 많이 사용하면 좋겠습니다. 그것이 우리의 가정과 교회를 좀 더 천국처럼 만들 수 있지 않을까요? 그러리라 믿습니다.

누가 진심 어린 칭찬을 싫어하겠습니까? 그것은 사람들에게 기쁨을 주고 용기를 북돋웁니다. 당연히 사람들은 비판자가 아니라 칭찬하는 자를 더 좋아하겠지요. 칭찬하는 자의 영향력이 커질 수밖에 없는 이유입니다. 이는 개인적인 차원뿐 아니라 공동체적으로도 마찬가지입니다. 칭찬하는 가정과 교회는 사람들에게 선한 영향을 끼치며 하나님의 축복을 받게 될 것입니다. 그뿐만 아니라 칭찬을 연습할 때 우리는 다른 사람의 좋은 점을 보게 될 것이고 따라서 점점 긍정적인 사람과 공동체로 변해갈 것입니다. 우리의 가정과 교회가 긍정의 바이러스로 가득 찬 칭찬하는 공동체가 되어서 삶에 지치고 위축된 모든 사람에게 기쁨과 활력을 줄 수 있으면 좋겠습니다.

기억하십시오. 칭찬은 고래도 춤추게 합니다. 그것은 당신의 자녀와 배우자는 물론이거니와 당신에게 가장 어렵고 거북한 사람까지도 춤추게 할 수 있습니다. 왜냐하면, 칭찬은 천상의 에너지로 가득 찬 하늘의 언어이기 때문이니까요.

2008. 07. 01.

산소 같은 사람

아침에 연구실에 들어갔더니 책상 위에 카드 하나가 놓여있었습니다. 한 학생이 제가 자리를 비운 사이에 놓고 간 모양이었습니다. 성탄 축하와 관련한 한두 마디의 말이 있겠거니 하면서 카드를 열었는데 카드에는 한 면 빼곡히 글이 쓰여 있었습니다. 그것은 이제 졸업을 하면서 그동안의 가르침에 감사한다는 내용과 신년인사를 담고 있었습니다. 그 학생은 "해맑은 미소로 세상을 따뜻하게 만드시는 교수님"이라는 과분한 말로 저를 묘사했습니다. 신학교에서 3년간의 세월이 너무 빨리 지나갔다고 말하고는 그동안의 강의시간을 통해 굳어있던 생각이 부드럽게 되었고 이전에는 보지 못했던 다른 것들을 볼 수 있었다며 감사를 표했습니다. 그는 지금도 강의가 기대된다면서 격려를 아끼지 않았습니다.

뭉클거리는 가슴으로 그의 글을 읽었습니다. 마침 아침 식사를 하며 들었던 일부 교회들의 어려운 소식으로 인해 마음이 우울하던 시점이었습니다. '지금 내가 하는 일이 무슨 의미가 있을까'라는 생각에 슬며시 낙심되려던 상황이었습니다. 수천 톤의 눈을 머금고 있는 듯 무겁게 내려앉은 진회색의 하늘은 처진 기분을 더 가라앉힐 따름이었습니다. 그러나 작은 카드에 정성스레 쓰인 그 학생의 친절한 격려가 마치 마술처럼 제 내면의 분위기를 일거에 바꾸었습니다. 그는 본인의 몇 마디 말이 얼마나 제게 힘을 주었는지 알지 못했을 것입니다.

"격려는 영혼의 산소이다"라고 저명한 기독교 주석가 윌리엄 바클레이William Barclay는 말했습니다. 산소가 없이는 생존할 수 없듯이 우리 영혼도 격려가 없이는 살 수 없음을 그는 꿰뚫어 보았던 것입니다. 지금 한번 생각해보십시오. 오늘 하루 동안 당신의 영혼에 얼마나 많은 산소가 공급되었습니까? 이산화탄소만 잔뜩 마셔 거의 질식할 상태에 이르지는 않았나요? 사실 하루를 살면서 우리가 당하는 많은 행동과 우리 귀에 들리는 숱한 말들은 산소보다 이산화탄소에 훨씬 더 가깝습니다. 그것들은 우리를 낙심시키고 우울하게 만들며 심한 경우, 우리에게서 삶의 의지마저 앗아가 버립니다.

격려가 우리 영혼의 산소인 증거는 그것이 우리에게 힘과 용기를 가져다준다는 것입니다. 제대로 된 격려를 한 번이라도 받아 본 사람은 그것을 직접 느꼈을 것입니다. 사실 '격려하다'라는 의미의 영어단어 encourage는 용기를 뜻하는 courage에다 '-이 되게 하다' 또는 '-을 부여하다'는 뜻의 접두어 en이 합쳐서 된 단어입니다. 그렇습니다. 격려는 누군가에게 용기를 부여합니다.

스포츠 선수들은 격려의 혜택을 가장 피부로 느끼는 사람들일 것입니다. 경기장에서 분투하는 자신들을 향해 공중제비를 돌고 춤을 추기도 하며 있는 힘을 다해 소리 지르고 박수를 쳐대는 응원은 격려의 또 다른 말입니다. 그것은 선수들에게 얼마나 소중한 자산일까요? 실제로 2002년 월드컵 때 우리나라가 "세상을 깜짝 놀라게" 하며 세계 4강에 올랐던 것은 히딩크 감독의 리더십도 리더십이지만 월드컵경기장과 대한민국의 전광장을 붉게 물들인 응원단들의 응원에도 그 상당한 원인이 있을 것입니다.

응원의 경우에서 보듯 누군가를 격려해주는 것은 사실상 그리 어려운 일이 아닙니다. 마음만 있으면 됩니다. 물론 그 마음이라는 게 마음대로 되지 않는다면 할 말은 없지만…. 어쨌든 너무 거창하게 생각하지 않는 것이 중요합니다. 아침에 집을 나가는 자녀나 배우자에게 힘내라고 파이팅을 외쳐주는 것, 일을 끝낸 후 등을 두드리면서 수고했다고 말해주고 맛있는 식사를 한 끼 사주는 것, 낙심한 사람에게 다가가 기도해주는 것, 문자메시지나 이메일을 사용하여 사랑과 감사를 전하는 것 등 지금 당장 당신이 할 수 있는 격려의 방법은 수도 없이 많습니다.

성경에 보면 바나바라는 이름의 인물이 나옵니다. 그 이름은 "격려의 아들"이라는 의미를 담고 있습니다. 이는 그 사람의 별명인데 자신의 별명처럼 그는 사람들을 격려하는 삶을 삽니다. 그는 자신의 재산을 내놓아 궁핍한 사람들의 필요를 채워주기도 하고 악명 높은 박해자 사울의 회심 후 위험부담을 감수하면서 그를 세워주기도 하고 실패한 마가 요한에게 재 기회를 주는 등 다양한 방법으로 사람들을 격려하는 모습을 보여줍니다. 바나바는 격려하는 지도자의 전형입니다. 차가운 질책이 아닌 따뜻한 격려가 사람들을 더 잘 움직인다는 사실을 그는 알았던 것 같습니다. 그러므로 지도자들은 자기 주변의 사람들을 더 많이 격려해야 합니다. 내리사랑이라는 말도 있지 않은가요? 교수는 학생들을, 목회자는 성도들을, 직장상사는 부하직원들을, 그리고 부모는 그 자녀들을 아낌없이 격려해주어야 할 필요가 있습니다. (저는 많은 반성 가운데 이 글을 쓰고 있습니다.)

그러나 그들만이 격려할 의무가 있는 것은 아닙니다. 사실 격려는 모든 사람이 다 할 수 있으며 또 해야 합니다. 하나님은 우리 각 사람을 통해 누군가를 격려하시기 원하십니다. 누구든 사람의 영혼에 산소를 공급하는 이 멋진 하나님의 프로젝트에 참여할 수 있습니다. 그리고 반드시 참여해야 합니다. 격려가 불필요한 사람은 아무도 없습니다.

언젠가 읽은 책에서 믿기지 않은 일화를 접한 적이 있습니다. 현재 미국에서 가장 탁월한 설교자 가운데 하나로 인정받는 찰스 스윈돌Charles Swindoll 목사님의 설교 후 일어난 일입니다. 설교를 들었던 한 사람이 스윈돌 목사에게 가서 설교가 자신에게 너무 축복이 되었다면서 감사를 표하고 그를 격려했습니다. 그러자 스윈돌 목사님이 눈물을 글썽이면서 그런 격려와 칭찬의 말을 얼마 만에 들어보는지 모르겠다면서 감격해 했다는 것입니다. 아마 모두가 스윈돌 목사님은 그런 격려가 필요 없을 것으로 생각했는지 모릅니다. 굳이 자기까지 나서서 말할 필요는 없다고 지레짐작했는지 모릅니다. 그러나 실제상황은 그렇지 않았습니다. 스윈돌 목사님은 자신의 영혼에 참 필요했던 산소를 그날 공급받은 것입니다.

격려는 이처럼 누군가의 영혼에 산소를 공급하는 일이며 사람을 세우는 일입니다. 그것은 하나님을 언제나 기쁘시게 할 것입니다. 사실 하나님은 당신의 교회가 이 각박한 세상에서 격려의 공동체로 살기를 원하십니다. 히브리서 기자는 교회가 "서로 돌아보아 사랑과 선행을 격려"(히 10:24)할 것을 명하십니다. 바클레이의 은유를 빌리자면 교회는 이 세상 가운데서 산소공장이 되어야 합니다. 비난과 저주와 온갖 독설로 시들은 사람들의 영혼이 교회 안에서 생기를 얻고 새로운 용기를 다지는 일이 일어난다면 사람들은 저절로 교회와 그 교회의 리더이신 예수님께로 이끌리게 될 것입니다.

로버트 메이너드Robert Maynard는 유명한 저널리스트이자 작가입니다. 미국의 권위 있는 신문인 뉴욕 데일리 뉴스에 게재된 그의 이야기는 격려의 힘을 새롭게 깨닫도록 도와줍니다. 메이너드는 어린 시절 집에서 학교까지 걸어 다녔는데 한번은 보도에 아직도 굳지 않은 회색 블록이 있는 것을 보았습니다. 깨진 보도블록을 교체하기 위해 시에서 새롭게 공사를 한 것입니다. 메이너드는 그 블록 앞에 멈춰 서서 거기에 자기 이름을 새겨놓으려 했습니다.

그런데 갑자기 자기 앞에 지금까지 본 사람 중에 가장 거대한 체구를 가진 한 석공이 서 있는 것을 알게 되었습니다. 메이너드는 도망가려 했습니다. 그러나 그 거인은 자기를 붙잡아 소리쳤습니다. "내 작업을 왜 망치려 하는 거냐?" 메이너드는 겁에 질려 떨리는 목소리로 그 블록에 자기 이름을 새기고 싶어 그랬다고 말했습니다.

그때 놀라운 일이 일어났습니다. 석공은 꽉 쥐었던 아이의 팔을 놓았습니다. 눈빛에 분노가 사라졌고 목소리가 부드러워졌습니다. "애야 네 이름이 뭐냐?" "로버트 메이너드예요." "로버트 메이너드라. 이 보도는 네 이름을 남겨놓을 곳이 아니다. 네가 무언가에 네 이름을 남기기를 원한다면 학교에 가서 열심히 공부해서 훌륭한 사람이 되어라. 그래서 네 이름을 모든 사람이 보게 해라." 메이너드의 눈에서 눈물이 흘렀습니다.

그러나 석공은 아직 말을 끝내지 않았습니다. "크면 뭐가 되길 원하니?" "작가요." 그러자 그 석공의 목소리가 온 학교 마당에 다 들릴 정도로 커졌습니다. "작가? 작가라! 그래 작가가 되어라. 진짜 작가가 되어라. 네 이름을 책에 새겨라. 이 보도블록이 아니라 너의 책에 말이다!" 메이너드는 길을 건너가다가 멈쳐 서서 뒤를 돌아보았습니다. 석공은 무릎을 꿇고 앉아 메이너드가 긁어놓은 보도블록을 고치고 있었습니다. 그는 고개를 들어 저만치서 소년이 자기를 쳐다보고 있는 것을 보았습니다. 그는 다시 큰 소리로 말했습니다. "작가가 되어라. 꼭 그래야 해!"

이름 없는 그 석공은 움츠러든 메이너드의 영혼에 산소를 공급했습니다. 메이너드는 그 순간 힘을 얻었고 용기와 영감을 받았음이 틀림없습니다. 기억하십시오. 오늘 당신의 격려로 내일 위대한 작가, 정치가, 목회자가 탄생할 수 있습니다.

산소 같은 사람이 되기를 원하십니까? 몇 년 전에 유행하였던 어떤 화장품 광고에 현혹되지 마십시오. 화장품이 당신을 그렇게 만들지 않습니다. 특정 화장품이 아닌 격려가 우리를 "산소 같은 여자"요 남자로 만듭니다. 영혼의 산소를 마구 내뿜지 않겠습니까? 그것은 대기를 맑게 해서 결국 당신에게도 유익을 줄 것입니다. 질문합니다. 당신은 오늘 누구에게 산소 같은 사람이 되겠습니까?

2006. 12. 21.

사과할 수 있는 용기

용기라는 단어를 들으면 어떤 그림이 떠오르시나요? 아마 많은 사람의 머릿속에는 영화에서 보았던 람보나 검투사 막시무스와 같은 영웅적 인물이 떠오를 것입니다. 아니면 전 직장동료를 칼로 찌른 흉악범에게 다가가 그의 범행을 저지하고 경찰에 검거되게 도왔던 용감한 시민이 생각날 수도 있습니다. 또는 지하철역에서 철로로 떨어진 사람을 목숨 걸고 구한 의인들을 떠올리는 사람도 있을 것입니다. 목사인 저는 교황의 가공할 위협과 신성로마제국의 막강한 권력에 맞서 종교개혁을 이루어낸 마틴 루터나 그의 이름을 물려받은 자로서 20세기 미국의 부당한 인종차별에 비폭력과 차별 없는 세상의 꿈으로 맞선 마틴 루터 킹 주니어 목사가 떠오릅니다.

그러나 그 누구도 고개를 숙이고 떨리는 목소리로 "내가 잘못 했어요. 정말 죄송합니다."라고 말하는 사람을 떠올리진 않을 것입니다. 그런 사람은 용기와 전혀 상관이 없어 보입니다. 오히려 너무 유약하고 심지어 비굴하게 느껴지기도 합니다.

그러나 과연 그렇습니까? 아닙니다. 결코 그렇지 않습니다. 제 삶을 돌이켜보건대 잘못을 인정하며 사과하는 것만큼 어려웠던 일이 없었고 그때만큼 용기가 필요한 경우도 없었습니다. 때로는 도저히 용기가 나지 않아서 그냥 모른 채 지나치기도 했고 때론 제 잘못을 감추려고 도리어 소리를 지르면서 상대방을 공격하거나 상대방의 잘못을 들추어내기도 했습니다. 아내나 자녀에게, 또는 직장동료나 학생들에게, 또는 성도들에게 "내가 잘못했어요."라고 한마디 하는 것이 어쩌면 그렇게 힘들든지요.

그렇습니다. 언뜻 드는 일반적 생각과는 달리 자신의 잘못을 인정하고 사과하는 것은 상당한 용기를 필요로 하는 일입니다. 그것은 자신의 자존심을 접고 진실을 직면하며 잘못에 대한 대가가 무엇이든 그것을 기꺼이 치르겠다는 결단이 없이는 가능하지 않습니다. 특별히 우월한 위치에 있다고 생각하거나 더 많은 힘과 자원을 가진 사람이 그렇지 못한 사람들에게 사과하는 것은 더욱 그렇습니다. 그래서 지도자들이 자기의 잘못을 인정하는 모습을 우리는 좀처럼 보지 못하는 것입니다. 오히려 오기를 부리고 정당화하려고 안간힘을 쓰지요. 그런 과정에서 존경과 신뢰를 잃어버리고 일은 더 꼬이게 되는데도 말입니다. 그것이 그만큼 어렵기 때문입니다.

그런 면에서 미국 대통령 버락 오바마가 취임 직후 한 사과는 상당히 이례적이고 괄목할 만합니다. 그는 자신의 정치적 대부인 톰 대슐 의원이 탈세 문제로 보건장관 내정자에서 사퇴한 후 언론과의 회견에서 "내가 일을 망쳐버렸어요I screwed up."라고 하면서 자신의 잘못을 인정했습니다. 그는 또한 "나는 벌을 받을 준비가 돼 있다."는 직설적인 말로 자책했으며 "나 자신과 나의 팀에 대해 좌절했다."는 말로 사과했다고 합니다. 이로 인해 들끓던 미국의 비판여론이 잠재워졌다고 하네요. 이 일은 오바마의 도덕적 용기를 잘 보여준 사건이라고 생각합니다.

저는 대통령처럼 높은 자리에 있는 사람도 아니지만 그럼에도 불구하고 아랫사람에게 사과하는 것을 참 어려워합니다. 언젠가 제 아들에게 한번 사과한 적이 있는데 아내의 강압에 못 이겨 겨우 아들 방으로 들어갔지만, 입이 떨어지지 않아 정말 힘들었던 것을 기억합니다. 그러나 그때 내가 그렇게라도 하지 않았다면 아들의 마음속에 쌓였던 응어리가 지금까지 남아있을지도 모를 일입니다. 이 땅의 모든 가장이 자신의 배우자나 자녀들에게 미안하다고 용기 있게 사과할 수 있다면 가정의 많은 문제가 해결될 것으로 생각합니다.

혹시 사과할 일이 있는데도, 용서를 구해야 하는데도 그냥 외면해버리고 살아가지는 않으시나요? 그러면 관계는 앞으로 나아가지 못하고 상대방의 마음에 있는 상처나 응어리는 치유되지 않을 것입니다. 지금 일본을 보십시오. 자신들의 잘못을 겸허히 인정하고 사과하지 않기 때문에 한일관계는 늘 그 자리를 맴돌고 전쟁 피해자들과 우리 국민의 마음에 자꾸만 쓴 뿌리가 자라는 것입니다.

앞에서 소개한 오바마의 에피소드에서도 엿볼 수 있듯이 사과는 관계의 위기를 극복하게 하며 신뢰를 회복시켜줍니다. 그것은 용서의 반응을 끌어내 새로운 출발을 할 수 있게 해줍니다. 우리의 관계는 단순히 어떤 잘못을 했기 때문에 어려움에 빠지기보다 그 잘못에 대한 나의 태도 때문에 더 어려워지는 경우가 많습니다. 잘못을 인정하려 하지 않거나, 그것을 덮으려고 꾀를 부리거나 강퍅한 마음으로 오기를 부리는 데서 관계는 결정적으로 흠이 가는 것입니다.

잘못했을 때 그것을 인정하고 진심으로 사과합시다. 야고보 사도는 우리에게 죄를 서로 고백하라고 권면합니다. 그렇지 않으면 기도의 응답과 하나님의 역사가 막힌다고 경고합니다. 예수님께서는 누구에게 용서 구할 일이 있으면 그것부터 먼저 해결한 후에 하나님께 예배드리라고 권면하시기도 했습니다. 하나님의 도우심 가운데 큰 용기를 내어 상대방에게 다가가 미안하다고 말하십시오. 거기서부터 치유는 시작됩니다. 거기서부터 관계는 다시 앞으로 나아가게 될 것입니다.

2012. 08. 27.

오월보다 더 아름다운

오월입니다. "계절의 여왕"이라는 별명에 걸맞게 오월은 참 아름답습니다. 시원하게 불어오는 바람은 우리의 얼굴을 부드럽게 감싸며 아카시아 향기를 사방에 흩뿌립니다. 나무들은 점점 더 짙은 초록빛으로 자신을 치장하고 순백의 고추나무 꽃과 라일락 등이 저마다 그 아름다움을 뽐내고 있습니다.

오월에는 꽃들뿐 아니라 다양한 기념일들도 많습니다. 어린이날, 어버이날, 스승의 날, 그리고 민주화 운동의 날도 있습니다. 제가 섬기는 교회는 오월에 창립했고 제 개인적으로는 결혼기념일이 또 오월에 있습니다.

그러나 오월은 무엇보다도 가정의 달입니다. 가정은 참으로 소중합니다. 하나님이 직접 세우신 기관이요, 사회의 가장 기본적인 단위입니다. 그 무엇도 가정을 대체할 수 없습니다. 가정이 건강하지 않으면 교회도 건강할 수 없고 사회도 건강할 수 없습니다. 에디스 쉐퍼Edith Schaeffer 여사는 가정을 이렇게 묘사합니다.

- 하나밖에 없는 출생지
- 폭풍 속의 피난처
- 진실을 찾을 수 있는 곳
- 빗장과 자물쇠가 달린 문
- 참된 가르침이 있는 곳
- 추억의 산실

저는 이 목록을 보면서 제 가정을 돌아봤습니다. 과연 우리 가정은 인생의 풍랑 가운데 각 구성원에게 피난처가 되고 있으며 진실과 참된 가르침이 있는지, 빗장과 자물쇠가 달린 문처럼 안전하며 아름다운 추억을 많이 만들고 있는지 스스로 질문해 보았습니다. 여러분의 가정은 어떠신가요?

안타깝게도 오늘날의 많은 가정이 에디스 쉐퍼의 묘사와 상당히 동떨어진 모습을 보이고 있습니다. 폭풍 속의 피난처가 되어야 하는데 폭풍의 현장처럼 느껴집니다. 가장 안전한 곳이 되어야 할 가정이 가장 위험한 곳으로 바뀌고 있습니다. 가정 폭력으로 얼마나 많은 사람이 다치는지 모릅니다. 심지어 목숨을 잃는 경우도 있습니다. 진실을 말하기보다 가족 구성원들 간에 서로 속이고 반쪽 진리를 말하거나 거짓말을 합니다. 참된 가르침을 주기보다는 잘못된 본을 보이거나 그냥 방치합니다. 아름다운 추억의 산실이어야 하는데 오히려 가정에 대한 끔찍한 기억으로 트라우마trauma

에 시달리는 사람들이 적지 않습니다. 아예 깨어지는 가정의 틈바구니에서 상처 입는 사람들은 또 얼마나 많은지요.

우리는 이 아픈 현실을 직시하고 가정을 회복하기 위해 팔을 걷어붙이고 나서야 합니다. 하나님께서 원래 의도하신 가정을 되찾아야 합니다. 사랑과 하나 됨, 그리고 이타적인 헌신이 있는 그런 가정을 세워야 합니다. 인생의 풍랑 가운데서 안전을 찾고 아름다운 추억들을 만들어 내며 진리를 말하고 가르치는 가정을 이루어 하나님께 영광을 돌려야 합니다. 사람들이 우리의 가정을 보며 '저 가정은 어떻게 저리 화목하고 아름답지?' 궁금해하며 우리의 가정을 통해 예수님을 믿고 싶게 만들어야 합니다.

어떻게 그럴 수 있을까요? 우리는 가정의 중요성을 깊이 인식하고 가정을 세우는 일에 투자해야 합니다. 당신에게 가정이 얼마나 중요한지 질문해보십시오. 그것은 당신이 시간과 물질을 사용하는 것에서 상당 부분 드러날 것입니다. 그것은 또한 가족 구성원으로서 각자의 역할을 감당하려고 얼마나 노력하는지를 통해서도 발견될 수 있을 것입니다. 《컴패션》의 대표인 서정인 목사님은 우리 교회에서 했던 세미나 가운데서 목사로서의 역할은 다른 사람이 대신할 수 있지만 아버지와 남편으로서의 역할은 아무도 대신할 수 없다는 말을 한 적이 있습니다. 그 말이 얼마나 마음에 많이 와 닿았는지요. 직장에서의 위치도 중요하고 사회적 역할도 해야 하지만 그러나 가족으로서 해야 할 역할만큼 중요한 것은 없습니다. 그러나 우리는 종종 그 우선순위를 뒤집습니다. 생각해보기 바랍니다.

우리는 우리의 가정을 위해 기도해야 합니다. 하나님께서 우리의 가족 구성원들을 축복하시고 성령의 지배를 받도록 도우시며 하나님의 영광을 위해 선하게 인도해주실 것을 간구해야 합니다. 무엇보다 하나님의 말씀 위에 선 가정이 되도록 노력해야 합니다. 가정이 중요하지만 하나님만큼 중요하지는 않습니다. 하나님께서 모든 것 위에 계셔야 합니다. 하나님을 위해 가정이 있어야지 가정을 위해 하나님이 존재하는 양 생각해서는 안 됩니다. 그분의 영광이 가정을 세우는 동기가 되며 그분의 말씀이 가정을 세우는 방법이 되어야 합니다.

기억합시다. 가정은 저절로 세워지지 않습니다. 우리의 시간과 물질과 열정을 쏟아야 합니다. 아프도록 정직한 대화와 힘든 이해의 과정과 서로를 받아들이려는 노력이 필요합니다. 인내의 시간과 많은 기도도 필요합니다. 때로는 내 개인적인 안건과 계획과 목표를 포기해야 합니다. 그럴만한 가치가 있을까요? 예, 그렇습니다. 가정은 이런 모든 노력을 투자할 가치가 있습니다.

오월입니다. 자연이 오색찬란한 옷을 입고 그 아름다움을 뽐내는 오월입니다. 이 아름다운 오월에 가정의 가치와 중요성을 깊이 인식하고 이 계절만큼, 아니 그보다 더 아름다운 가정을 세우는데 헌신하는 우리 모두가 되길 소원합니다. "꽃보다 남자"라고 누군가 말을 했나요? "꽃보다 가정"은 어떻습니까? 5월보다 그 꽃보다 더 아름다운….

2014. 05. 06.

우분트의 정신으로

TV의 예능 프로그램이나 드라마에서 나오는 어떤 말이나 행동은 우리가 사는 시대의 태도나 가치관, 경향성을 반영하고 있으면서 동시에 우리에게 그와 같이 말하고 행하도록 영향을 미칩니다. 그래서 우리는 그런 말이나 행동들을 예사로 보아서는 안 됩니다. 그런데 실상은 그냥 슬슬 웃으면서 재미나 오락으로서만 보아 넘길 때가 적지 않습니다.

요즘 인기 있는 《1박 2일》이라는 프로그램에 보면 멤버들이 "복불복" 게임을 종종 합니다. 보통 식사나 잠자리를 걸고 그런 게임을 하지요. 이기면 정말 풍성한 식사를 하지만 지면 그냥 굶거나 반찬이 거의 없는 밥만 먹어야 합니다. 이기면 방 안에서 편안하게 자지만 지면 야외에 텐트를 치고 자야 합니다. 그들은 이 게임에서 이기기 위해 온갖 반칙과 술수를 씁니다. 수단과 방법을 가리지 않습니다. 그리고 누군가 지는 사람이 나오면 너무 기뻐합니다. 그러면서 종종 내뱉는 말이 "나만 아니면 돼!"라는 말입니다.

물론 이 말은 시청자들의 재미를 위해 멤버들끼리 장난처럼 하는 말입니다. 그러나 위에서 말한 것처럼 이 말은 그냥 완전한 농담만은 아닙니다. 그것은 우리 시대의 정서를 반영한 말입니다. 나만 알고 나만 챙기는 자세, 나만 잘되면 다른 사람은 어떻게 되든 상관없다는 태도, 그것이 우리가 사는 세상의 모습이 아닐까요? 그래서 그들의 장난스러운 말과 행동을 보며 마냥 즐겁게 웃을 수만은 없는 것입니다.

나만 아니면 됩니까? 다른 사람들이 다 불행을 당하고 어려워도 나만 잘 되면 괜찮습니까? 다른 집 자녀들이 어떻게 되든 내 자녀만 일류대 가면 행복합니까? 나라가 망해도 나와 내 가족만 흥하면 됩니까? 다른 교회들이 다 어려워도 우리 교회만 성장하면 괜찮은가요?

언젠가 운전하면서 들었던 한 설교에서 "우분트"라는 단어에 대해 배웠습니다. 그것은 아프리카 반투족이라는 족속의 말로서 "우리가 함께 있기에 내가 있다."라는 의미라고 합니다. 이 단어를 소개한 목사님은 그것과 연관된 이야기를 하나 해주었습니다. 아프리카 부족에 대해 연구하던 한 인류학자의 이야기였습니다.

그 인류학자는 아프리카 아이들을 모아놓고 달리기 경주를 시켰다고 합니다. 동기를 부여하기 위해 앞에 보이는 나무 밑에 온갖 맛있는 과일이 든 큰 바구니를 두었는데 제일 먼저 그 나무에 도착하는 아이가 그것을 차지할 것이라고 말을 했습니다. 드디어 경주가 시작되었습니다. 그런데 아이들은 그 학자의 기대와는 전혀 다르게 움직였습니다. 그들은 다 손을 맞잡고 함께 그 나무를 향해 뛰어가 바구니에서 다 같이 과일을 나눠 먹는 것이 아닙니까? 이 학자는 아이들이 혹시 자기의 말을 못 알아들었나 싶어 처음에 했던 말을 상기시키며 아이들에게 물었습니다. "얘들아, 일등 하면 혼자 이 바구니를 다 가질 수 있다고 했는데 왜 그것을 포기했니? 아깝지 않아?" 그러자 아이들은 일제히 "우분트!"를 외쳤습니다. 그러면서 한 아이가 부연설명이라도 하듯 "나머지 다른 아이들이 다 슬픈데 어떻게 나만 기분 좋을 수 있죠?"라고 되물었다는 것입니다.

그 아이는 어떤 철학자나 종교인보다 인간의 본질을 꿰뚫고 있다는 생각이 들었습니다. 다른 사람들이 다 슬픈데 나만 기분 좋을 수 있을까요? 다 불행한데 나만 행복할 수 있을까요? 다 망하는데 나만 흥한다고 그게 진짜 성공일까요? 그렇지 않습니다. 우리 인간은 그럴 수가 없습니다. 인간은 하나님의 형상대로 지음 받은 존재이며 서로 연결되어 있기 때문에 나만 괜찮다고 괜찮지 않습니다. 나만을 위해 이기적으로 살면서 참된 행복을 느끼도록 만들어지지 않았습니다. 하나님이 어떤 분입니까? 그분은 성부 성자 성령이 완벽하게 하나를 이루신 공동체적 존재이시며 본질상 사랑이신 분이십니다. 그런 분을 닮은 존재로 만들어진 우리 인간이 어떻게 나만 좋다고 마냥 좋을 수 있겠습니까?

우리는 "우분트"의 정신을 회복해야 합니다. 우리가 함께 있기에 내가 있는 것입니다. 지금 우리 사회를 보십시오. 다 불행해도 나만 아니면 된다는 태도가 팽배합니다. 다른 사람을 더불어 사는 파트너로 보기보다는 경쟁자로 보고, 손잡아주어야 할 이웃이 아니라 짓밟고 올라서야 할 대상으로 인식합니다. 그런 인식과 태도는 우리의 자녀들에게도 자연스레 전달됩니다. 실제로 우리는 아이들에게 그런 식으로 교육하지 않습니까? '너만 생각해!' '다른 사람은 울거나 말거나 너만 일류대학 가면 돼!' '어떻게든 실력을 길러 밟고 올라서야 해!' 그러니 수험생들이 자기 반 친구를 라이벌로 인식하고 그 노트를 훔치는 일이 왜 안 벌어지겠습니까?

나만 아니면 된다고요? 그렇지 않습니다. 아프리카 아이의 통찰력 넘치는 말처럼 다른 사람들이 다 슬픈데 혼자 즐거울 수는 없습니다. 기억합시다. 우리가 없으면 나도 없습니다. 왜냐하면 영국의 시인 존 던John Donne이 쓴 것처럼 우리 인간은 어느 누구도 자기 홀로 섬이 아니기 때문입니다. 오히려 인간은 대륙과 같이 서로 연결된 존재임을 인식해야 합니다. 하나님께서 우리를 그렇게 지으셨기 때문입니다.

하나님은 우리에게 "나만 아니면 돼"의 자세로 살지 말라고 하십니다. 오히려 즐거워하는 사람과 함께 즐거워하고 우는 사람과 함께 울라고 하십니다. 빌립보서에서는 이에 대한 더 적극적인 권면을 하십니다.

> 무슨 일을 하든지, 경쟁심이나 허영으로 하지 말고, 겸손한 마음으로 하고, 자기보다 서로 남을 낮게 여기십시오. 또한 여러분은 자기 일만 돌보지 말고, 서로 다른 사람들의 일도 돌보아 주십시오(빌 2:3-4).

하나님은 왜 이렇게 권면하실까요? 그것은 우리를 지으신 분으로서 그분이 우리를 아시기 때문입니다. 그렇게 할 때 이 세상에 의와 평화와 기쁨의 하나님 나라가 구현될 뿐 아니라 우리가 참으로 행복할 수 있음을 그분이 너무 잘 아시기 때문입니다. 위에 언급했던 인류학자의 이야기를 소개했던 글에는 우분트의 정신을 설명하는 다음의 글귀가 있었다고 합니다. "내가 너를 위하면 너는 나 때문에 행복하고 너 때문에 나는 두 배나 더 행복할 수 있다!"

이런 상상을 해봅니다. 《1박 2일》 같은 프로그램에서 출연자들이 "나만 아니면 돼"라고 말하면서 이기기 위해 반칙과 술수와 배신과 거짓말을 하기보다 "우분트"라고 외치면서 서로 이기도록 돕는다면 어떻게 될까요? 피디는 당황하겠고 시청률은 내려가겠지만 우리의 마음은 좀 훈훈해지지 않을까요? 어쩌면 전혀 예상을 깨는 일이기 때문에 재미있을 것 같다는 생각도 살짝 들긴 합니다. "나만 아니면 돼"를 "우분트"로 바꾸는 것. 결코 쉽진 않겠지만 그게 교회가 해야 할 일이 아닐까 그런 생각을 합니다. 왜냐하면 교회의 주되신 그리스도께서 그렇게 사셨고 그것을 위해 하나님께서 교회를 만드셨기 때문입니다. 그러고 보니 예수님을 우분트의 주님으로 불러도 괜찮겠다는 생각이 듭니다.

2016. 10. 06.

모든 관계에서
성공하는 법

미국에서 유학 중일 때 어느 집사님 댁에 추수감사절 식사 초대를 받아 갔던 적이 있었습니다. 그런데 그 집사님의 부인이 상당히 직설적인 분이셔서 다양한 영역에서 거침없는 말들을 많이 하셨습니다. 돌직구도 날리고 좀 당황스러운 이야기도 하고 민감한 부분도 터치하셨습니다. 남편 되시는 그 집사님은 부인이 말을 할 때마다 당황해하며 곤란한 표정을 짓던 모습이 기억납니다. 급기야 그분은 자기 부인에게 이렇게 말했습니다. "여보, 당신이 말할 때마다 나는 깜짝깜짝 놀라요. 날 더는 놀라게 하지 않을 순 없겠소?"

예수님은 그 집사님의 부인처럼 가끔 불편하거나 듣기에 당황스러운 말씀을 하셨습니다. 그 가운데 하나가 다음의 말씀입니다. "나보다 아버지나 어머니를 더 사랑하는 사람은 내게 적합하지 않고 나보다 아들이나 딸을 더 사랑하는 사람도 내게 적합하지 않다"(마 10:37). 이 무슨 당황스러운 말씀입니까? 일반적으로 가족 관계는 우리 인간에게 가장 소중한 관계입니다. 가족은 그 누구보다 가까운 사랑의 대상들이죠. 그런데 예수님은 우리가 너무도 사랑하는 가족보다 주님을 더 사랑해야 한다고 말씀하십니다. 삼키기가 상당히 어렵습니다. 예수님이 꼭 가족관계를 이간시키는 것처럼 보입니다. 예수님이 마치 "여보, 나하고 어머니가 물에 빠지면 당신은 누구 먼저 건질 거예요?"라고 묻는 철없는 마누라 같습니다. 제가 아는 한 형제는 자기 아내가 이런 질문을 자꾸 하니까 "어머니 건지고 우리 둘이 같이 죽자."라고 대답했다 합니다. 그야말로 우문현답입니다.

예수님이 왜 이런 말씀을 하셨을까요? 그분이 북한의 김정은처럼 자기만 아는 파쇼 독재자이기 때문일까요? 그분이 너무 마음이 좁고 경쟁심으로 가득 찼으며 교만해서일까요? 효도나 사랑과 같은 가치를 부정하고 우리의 가정을 무너뜨리기 원해서일까요? 아닙니다. 예수님께서 이렇게 하신 것은 주님보다 다른 관계를 먼저 앞세우는 순간, 우리 삶이 파괴적인 삶으로 추락할 것을 아셨기 때문입니다. 인간관계가 우상이 되고 사랑이 집착으로 변할 것을 꿰뚫어 보셨기 때문이지요.

팀 켈러Tim Keller는 『거짓 신들의 세상』이라는 책에서 오늘날의 우상으로 돈, 사랑, 성공, 권력 등을 꼽고 있는데 그중에서 사랑을 제일 먼저 다루고 있습니다. 돈보다 사랑이 먼저 나온 것입니다. 그 챕터의 제목은 "사랑이 당신 필요의 전부가 아닙니다Love is not all you need."입니다. 이는 비틀즈의 유명한 노래 중 "사랑이 당신 필요의 전부입니다Love is all you need."라는 가사를 패러디하면서 그 사상을 논박한 것입니다. 그렇습니다. 우리에겐 인간의 사랑, 인간과의 관계보다 더 필요한 것이 있습니다. 만약 우리가 인간관계를 하나님과의 관계보다 더 중요하게 생각하고 그것을 우상으로 만들어버린다면 우리는 그 관계를 제대로 누릴 수 없을 뿐 아니라 그 관계 때문에 오히려 철저히 실망하게 될 것입니다. 왜냐하면 어네스트 벡커Ernest Becker가 지적한 것처럼 그 어떤 인간관계도 신성神性의 짐을 감당할 수 없기 때문입니다. 제가 결혼을 앞둔 청년들에게 결혼에 대한 환상을 버리라고 자꾸 말하는 것은 그들을 시샘해서 악담하는 것이 아니라 오히려 그들의 결혼을 어려움에서 구해주려 하기 때문입니다.

그 어떤 인간관계도 하나님과의 관계를 가로막거나 하나님과의 관계보다 더 소중해지지 않도록 우리는 주의해야 합니다. 이는 연애하는 청년들만의 문제가 아닙니다. 요즘 부모들에겐 자녀가 우상이 될 수 있습니다. 우리는 자기 자녀를 마치 신처럼 떠받들며 하나님보다 더 사랑할 수 있습니다. 혹시 "헬리콥터 맘"이라고 들어보셨나요? 성인이 된 자기 자녀 주위를 헬리콥터처럼 맴돌며 입시, 성적, 취업, 연애, 결혼 등 중대사를 대신 결정하는 엄마를 일컫습니다. 시험정보 챙기고 학원 등록해주고 면접 땐 코디 맡고 불합격 땐 전화추궁까지 대신해줍니다. 이 헬리콥터 맘보다 한 단계 더 위에 있는 엄마를 "인공위성 맘"

이라고 합니다. 인공위성처럼 24시간 감시체제를 갖추고 아이에게 집착합니다. 그러나 그렇게 하는 것은 자녀를 진짜 사랑하는 것이 아닙니다. 그것은 자기 자신과 자녀 둘 다를 다 해롭게 하는 위험한 일입니다.

구약에 보면 하나님께서 아브라함에게 100세 때 낳은 외아들 이삭을 바치라고 하는 이야기가 나옵니다. 정말 황당한 요구입니다. 요즘 성도들 같으면 교회를 다 떠날 수도 있는 명령입니다. 그런데 아브라함은 자신의 소중한 자식을 하나님보다 더 앞에 두지 않았습니다. 그는 하나님의 선하심과 능력을 신뢰하고 이해가 되지 않았지만, 그분의 명령에 순종해 자식을 제물로 바치려 했습니다. 너무 거침이 없어 하나님이 놀라실 정도였습니다. 그랬을 때 하나님께서 그를 중단시키시고 이삭 대신 숫양을 제물로 공급해 주셨습니다. 그리고 이렇게 말씀하십니다.

주님의 말씀이다. 내가 친히 맹세한다. 네가 이렇게 너의 아들까지, 너의 외아들까지 아끼지 않았으니 내가 반드시 너에게 큰 복을 주며 너의 자손이 크게 불어나서 하늘의 별처럼 바닷가의 모래처럼 많아지게 하겠다. 너의 자손은 원수의 성을 차지할 것이다. 네가 나에게 복종하였으니 세상 모든 민족이 네 자손의 덕을 입어서 복을 받게 될 것이다. (창 22:16-18)

아브라함이 자식을 하나님처럼 섬기지 않고 하나님을 하나님으로 예배했더니 그로 인해 오히려 그 자식이 큰 복을 받게 되었습니다. 그래서 스티븐 매튜슨Steven Mathewson 목사는 우리가 자식을 위해 해줄 수 있는 최선책은 자식보다 하나님을 예배하는 것이라고 멋지게 말한 것입니다.

부부 관계든, 부모·자식 관계든, 사업상의 중요한 관계든 다른 모든 인간관계를 하나님과의 관계 아래 두고 그 관계에 종속시킬 때 오히려 다른 관계들이 더 좋아질 수 있음을 기억하기 바랍니다. 최고의 남편 또는 아내가 되기 위해서는 배우자보다 오히려 주님을 더 사랑하면 됩니다. 최고의 부모가 되기 위해서는 자식보다 주님을 더 사랑하면 됩니다. 최고의 자식이 되기 위해서는 부모님보다 주님을 더 사랑하면 됩니다. 최고의 목사나 사역자가 되기 위해서는 사역보다, 교회보다, 성도들보다 주님을 더 사랑하면 됩니다. 그러면 최고의 배우자, 최고의 부모, 최고의 자녀, 최고의 목사·사역자가 될 수 있습니다. 그러면 정말 제대로 사람들을 사랑할 수 있습니다.

정말로 건강하고 풍성한 관계적 삶을 원하십니까? 하나님과의 관계를 최우선에 놓으십시오. 왜냐하면 그 관계가 모든 관계의 기본이기 때문입니다. 그 관계에서 우리는 다른 사람을 사랑할 수 있는 자원을 얻기 때문입니다. 사실 주님만큼 당신을 사랑하는 존재는 이 세상에 없습니다. 그분은 목숨을 바칠 만큼 당신과의 관계를 중요하게 생각하십니다. 당신 없이 영원을 보내느니 차라리 죽는 것이 낫다며 십자가에서 죽으실 만큼 당신을 사랑하십니다. 주님만큼 철저히 당신의 복지와 유익에 헌신하신 분은 없습니다. 그러므로 다른 어떤 것도 주님과의 관계를 가로막거나 방해하지 못하게 하십시오. 주님을 그 어떤 것보다, 어떤 존재보다 사랑하십시오. 그러면 역설적이게도 당신은 다른 모든 관계에서 성공할 것이며 가장 아름다운 관계적 삶을 살 수 있을 것입니다. 그것은 참으로 아름다운 역설이 아닐 수 없습니다.

2017. 03. 09.

2부

성품,
어떻게
가꿀까?

착한 사람을 넘어

착한 사람이라고 하면 다들 좋은 느낌을 갖습니다. 저도 어릴 때 부모님으로부터 착한 사람이 되라는 말씀을 많이 듣고 자랐습니다. 착한 사람은 다 좋은 사람일까요? 몇년 전 나온 영화 중에 《좋은 놈 나쁜 놈 이상한 놈》이라는 특이한 제목의 영화가 있습니다. 사람들은 그 영화의 좋은 놈이 당연히 착한 사람일 거라고 생각했을 것입니다. 그러나 그 영화의 좋은 놈이 착한 사람이 아니었듯이 모든 착한 사람이 다 좋은 것은 아닙니다. 복음서를 보면 예수님은 당시 착한 사람으로 간주되던 바리새인들과 종교인들을 가장 힘들어하셨습니다. 오히려 그분은 나쁜 놈으로 손가락질을 받던 죄인들과 세리들 그리고 창녀들과 더 편하게 어울리셨음을 우리는 봅니다.

예수님이 힘들어하던 부류의 착한 사람들을 우리는 "도덕주의자"라는 이름으로 부를 수 있습니다. 사전적으로는 "도덕을 모든 가치의 으뜸으로 삼는 사람"으로 정의되어 있습니다. 정확하게 일치하지는 않겠지만 이들을 기독교적 용어로 "율법주의자"라고 부를 수도 있을 것입니다. 율법의 문자에 얽매여 시시비비를 가리며 자의적으로 판단한 율법의 준수 여부를 의로움의 기준으로 삼는 사람입니다. 이들은 정치계에도 있고 사회단체에도 있으며 종교계에도 있습니다. 교회에 다니지 않는 사람도 있겠지만 열심히 교회 생활을 하는 사람들도 있습니다. 어쩌면 교회에 다니는 사람이 더 많을지 모릅니다.

이런 착한 사람의 문제점이 무엇일까요? 그들은 대개 자기들의 착함과 의로움을 자랑스럽게 여깁니다. 그들은 노골적으로, 또는 더 많은 경우, 교묘하거나 은밀한 방식으로 자신의 착함을 드러내려 합니다. 그것으로 끝나면 그래도 괜찮겠지만 유감스럽게도 그런 경우는 거의 없습니다. 착한 사람들은 종종 자신들의 착함을 기준으로 그렇지 못한 사람들을 판단합니다. 특별히 "죄인"들을 경멸하고 정죄하며 혐오합니다. 누가복음 18장에서 자신을 토색, 불의, 간음을 행하는 자들과 같지 않고 옆자리에서 함께 예배드리던 세리와도 다르다며 그 모든 사람을 기도 중에 판단한 바리새인의 마음이 그들 안에 있습니다.

불행하게도 이런 착한 사람들은 위선자가 될 가능성이 아주 큽니다. 예수님도 종종 그들을 위선자라는 이름으로 부르셨습니다. 그들은 사람들에게 착한 사람으로 비치는 것을 아주 중요하게 생각하기 때문에 자신을 실제 상태 이상으로 부풀리길 잘 합니다. 그들은 또한 자기들도 하지 못하는 것을 다른 사람들에게 요구하며 그 기준에 미치지 못할 경우 가차 없이 비판합니다. 그뿐만 아니라 그들은 자기들이 비판하고 정죄하는 그 일들을 은밀히 행하기도 합니다. 장로가 극장에 드나든다고 손가락질하는 목회자가 집에서 케이블로 같은 영화를 보거나 집사가 교통신호를 지키지 않는다고 비난하는 권사가 과속을 일삼는 격입니다.

더 큰 문제점은 그들 마음의 교만입니다. 착한 사람들은 겉으론 그렇게 보이지 않는 경우가 많지만 대체적으로 교만합니다. 도덕적인 우월감에 사로잡혀 있고 자신의 죄를 잘 인정하지 않습니다. 오히려 자신이 절대 선이라도 되는 듯 행동하는 경우가 적지 않습니다. 그들은 자기들의 착함으로 인해 뭔가 하나님께 내세울 것이 있다고 생각합니다. 그들은 하나님께서 당연히 자기들을 받아주셔야 한다고 생각하므로 하나님에 대한 갈급한 마음도 없습니다. 많은 경우, 그들은 하나님을 별로 필요로 하지 않습니다. 하나님 없이도 잘 살 수 있다고 생각하는 것입니다.

그렇기 때문에 이 착한 사람들은 하나님의 은혜를 잘 체험하지 못하며 따라서 다른 사람에게도 은혜를 베풀지 못합니다. 심령에 따뜻함이 없고 자신이 정의의 사자라도 되는 양, 굳은 얼굴로 정의를 외치며 누군가를 정의의 이름으로 단죄하고 보복하려 합니다. 자기와 다르거나 자기의 기준에 미치지 못하는 사람들을 향한 분노가 마음에 가득합니다. 진리의 깃발을 들지만 은혜는 보이지 않습니다. 하여 용서와 용납에 아주 서툽니다. 그래서 이들을 "차가운 도덕주의자"라고 묘사하는 것입니다. 레미제라블에 나오는 자베르 경감이 그 대표적인 인물입니다. 그는 자신을 의롭다고 생각하지만 그 마음엔 장발장 같은 죄인들을 향한 경멸과 적대감이 가득 들어차 있습니다.

저는 이런 부류의 착한 사람이 될까 두렵습니다. 예수님은 우리를 이런 사람으로 만들기를 원치 않으십니다. 물론 우리는 도덕적으로 살아야 하고 좋은 의미에서 착한 사람이 되어야 합니다. 그러나 그분은 그 차원을 넘어 그리스도인으로서 우리 모두가 하나님의 은혜를 알고 그 은혜를 베푸는 사람이 되기를 원하십니다. 간음하다가 잡혀 와 떨고 있는 여인에게 "나도 너를 정죄하지 아니하노니 가서 다시는 죄를 짓지 말라."고 말씀하신 그 예수님을 닮은 사람이 되기 원하십니다.

필립 얀시의 『놀라운 하나님의 은혜』라는 책에 보면 한 어린아이의 다음과 같은 기도문이 실려 있습니다. "하나님, 나쁜 사람은 착한 사람이 되게 해주시고 착한 사람은 친절한 사람이 되게 해주세요." 많은 착한 사람들이, 특별히 교회 안의 착한 사람들이 친절하지 못함을 그 아이는 본 것입니다. 주님은 우리가 착한 사람을 넘어 친절한 사람이 되기 원하십니다. 당신의 기준에 한참 못 미치는 우리 인간들을 긍휼히 여겨 우리 죄인들에게 십자가 안에서 무한친절을 베푸신 주님의 마음처럼 되기를 원하십니다. 우리 모두가 그 아이의 기도문을 자신에게 적용해서 기도할 필요가 있지 않을까요? 한번 해보시죠.

"하나님, 나쁜 내가 착한 사람 되게 해주시고 더 나아가 친절한 사람이 되게 해주세요. 제발 그렇게 해주세요! 아멘."

2014. 12. 04.

품위 있는 사람

지미 카터Jimmy Carter 전 미국 대통령은 특이하게도 퇴임 이후 더 인기가 좋은 정치가입니다. 그분은 미국의 전직 대통령으로서 전 세계의 분쟁지역을 다니며 평화를 만드는 데 큰 역할을 했습니다. 《사랑의 집짓기 운동》에도 열심히 참여하여 부인인 로잘린 카터 여사와 함께 가난한 사람들을 위해 많은 집을 지어주기도 했습니다. 바로 옆에서 집짓기 운동에 참여한 적이 있는 고든 맥도날드Gordon MacDonald에 의하면 카터 대통령은 미국 전 대통령으로서의 권리를 전혀 주장하지 않고 일반 사람들과 꼭 같이 줄을 서서 식사를 탔으며 불편한 간이화장실을 썼을 뿐 아니라 누구보다 열심히 일을 했다고 합니다. 저는 카터 대통령의 모든 생각에 찬성하지 않지만 그런 그를 좋아하고 존경합니다. 특별히 그의 잔잔한 미소는 그야말로 "살인 미소"라는 말이 어울릴 정도로 매력이 넘칩니다.

그런 그가 지난 8월, 자신이 암에 걸렸으며 암세포가 뇌를 포함한 여러 장기로 퍼졌다는 사실을 밝혔습니다. 그는 의학적으로 사실상 사형선고를 받은 것이며 이제 그의 삶은 시한부가 된 것임을 세상에 알린 것입니다. 자신의 생명이 얼마 남지 않았다는 사실을 알게 된다면 그 마음이 어떨까요? 저는 지금까지 목회자로 살면서 이런 경우를 여러 번 보았는데 다들 그 사실을 받아들이는데 상당한 어려움을 겪는 것 같았습니다. 불안과 두려움과 혼란, 그리고 때로는 분노가 그들을 뒤덮게 됩니다. 그러나 카터의 경우는 이 사실을 발표할 때 그의 표정이 너무도 평온해서 거기 모인 기자들을 놀라게 할 정도였다고 합니다.

그 기자회견이 있고 한 열흘쯤 지난 일요일에 그는 이전과 다름없이 자신이 섬기는 조지아주 마라나타 침례교회의 장년부 주일학교 강단에 섰습니다. 자신의 성경 강의를 듣기 위해 거기 모인 사람들과 농담을 하는 여유까지 보인 그는 사랑과 용서라는 성경적 주제에 대해 가르쳤다고 합니다. 그는 앞으로 얼마를 더 살 수 있을지 모르지만 건강이 허락하는 한 계속 성경 교사의 역할을 할 것이라고 했는데 이러한 그의 행보는 죽음 앞에서 삶의 품격을 높인 것으로 미국 사회에 큰 울림을 주고 있다고 합니다.

카터 전 대통령은 어떻게 자신의 임박한 죽음 앞에서 이처럼 평온을 유지할 수 있을까요? 그것은 그에게 하나님과 그분의 영원한 나라에 대한 믿음이 있기 때문입니다. 아시다시피 그는 예수 그리스도를 믿는 그리스도인입니다. 대통령 후보 시절 그는 자신이 "거듭난 그리스도인"a born again Christian임을 분명히 밝혀 화제에 오르기도 했습니다. 그는 자신의 암 전이轉移에 대한 사실을 발표할 때 그동안의 삶에 대해 감사하며 이런 말을 했습니다. "내 생명은 내가 예배드리는 하나님의 손안에 있습니다. 어떤 결과가 오든 받아들일 것입니다." 그는 인간의 생사화복을 주관하시는 하나님을 신뢰했고 그 하나님이 예수 그리스도 안에서 주시는 –이 땅의 삶을 넘어선– 영원한 삶에 대한 믿음을 가지고 있었습니다.

우리는 크고 좋은 자동차를 타거나 명품 옷을 입거나 고급 아파트에서 살면 품격이 높아진다는 말을 듣습니다. 그런 사람들을 일컬어 품위가 있다고 말하기도 합니다. 제 주변에도 품위 운운하며 비싼 옷을 입고 분수에 넘치는 큰 차를 타며 호텔 가기를 좋아하는 사람이 없지 않았습니다. 저 자신도 언젠가 자동차 영업사원에게서 교수목사님이 이렇게 작은 차를 타면 품위에 어울리지 않으니 더 큰 차로 바꿔야 한다는 말을 듣고 "은혜"를 받기도 했습니다.

그러나 그런 말이 사실일까요? 그렇지 않습니다. 그것들은 인생의 품위와 상관이 없습니다. 명품 옷 입고 좋은 차를 타면서도 욕설을 하고 보복운전을 하는 사람들을 우리는 봅니다. 그런 사람들이나 큰 집에 산다고 거들먹거리는 졸부에게 무슨 품위가 있습니까? 진정한 품위는 하나님을 경외하는 인간의 내면에서 나옵니다. 전지전능하시고 선하시며 영원하신 하나님과의 관계성으로 인해 어떤 상황 가운데서도 평안을 유지하고 그 말씀대로 옳은 길을 선택하는 사람이 정말 품위가 있는 사람입니다. 그런 사람은 위기 가운데서도 흔들리지 않고 죽음조차도 그 가는 길을 훼방하지 못합니다.

예수 그리스도 안에서 생명의 주관자이신 하나님을 신뢰하고 경외하기를 바랍니다. 그것이 삶의 유혹과 위기 가운데서도 일관되게 품위를 유지할 수 있는 길입니다. 또한, 그것이 언젠가 한 번은 맞닥뜨릴 수밖에 없는 죽음의 문제에 대한 유일한 해결책입니다. 그리고 그것이 지금의 카터 대통령처럼 죽음 앞에서도 품격을 유지하고 끝까지 "생명의 삶"을 누릴 뿐 아니라 많은 사람에게 선한 영향을 끼치며 살 수 있는 비결입니다.

2015. 10. 09.

오심誤審을 넘어
챔피언으로

저는 운동경기를 보면서 오심의 경우를 힘들어합니다. 물론 "우리 편"에 불리한 경우의 오심을 말하는 것입니다. 그 대표적인 예로 2002년, 미국의 솔트레이크시티에서 열린 올림픽 쇼트트랙 1500m 경주에서 김동성 선수가 실격된 사건을 들 수 있습니다. 그는 탁월한 기량을 앞세워 일등으로 들어왔지만, 미국 대표선수인 안톤 오노의 할리우드 액션에 현혹된 심판의 판정으로 실격되었습니다. 그 경기를 보면서 억울함에 펄펄 뛴 사람은 저뿐만이 아닐 것입니다. 함께 뛴 다른 나라 선수들을 비롯하여 많은 사람이 오심의 가능성에 대해 말했지만 판정은 번복되지 않았습니다. 밴쿠버 올림픽 여자 3,000m 계주에서도 비슷한 경우가 있었습니다. 한국선수가 일등으로 들어왔는데도 석연치 않은 심판의 판정 때문에 실격 처리되어 많은 사람의 아쉬움을 자아내게 했습니다. 선수들과 코치들뿐 아니라 미디어와 많은 국민까지도 그 판정이 오심일 가능성이 크다면서 문제를 제기하였지만 정작 심판은 자기 판단이 정확했다면서 오심 논란을 일축하였다고 합니다.

어떤 경기이든지 경기를 하다 보면 오심 논란을 피할 수가 없습니다. 심판도 사람이기 때문에 잘못 볼 수 있고 보는 각도나 관점에 따라 판단이 다를 수도 있기 때문입니다. 그러나 막상 오심으로 손해를 당했다고 여기는 쪽의 입장이라면 그 결정이 몹시 원망스럽고 때로는 정말 받아들이기 힘들 것입니다. 그래서 격렬히 항의하기도 하지만 좀처럼 그 결정이 번복되는 경우는 잘 볼 수가 없습니다. 그도 그럴 것이 어느 한쪽의 항의에 의해 이미 내린 판정을 쉽게 번복한다면 계속해서 그런 사례들이 발생할 것이고 그렇게 되면 심판의 권위가 추락할 것은 물론, 경기 자체가 불가능하게 될 수 있기 때문입니다. 그러므로 "오심도 경기의 한 부분"이라고 생각하고 선수들은 경기에만 집중하는 것이 가장 현명한 선택이라고 전문가들은 조언합니다.

이러한 오심은 운동경기뿐 아니라 우리의 인생에서도 피할 수 없다고 생각합니다. 하나님을 잘 믿는 사람도 예외가 아닙니다. 요셉의 이야기는 그 좋은 예가 됩니다. 그는 형제들의 배신으로 이집트에 팔려와 경호대장인 보디발의 종이 됩니다. 성실히 임무를 수행하여 주인의 신임을 얻지만, 그의 핸섬한 용모에 반한 주인의 아내에게 유혹을 받게 되지요. 성적 호르몬의 활동이 그 어느 때보다 왕성한 청년기를 지나고 있었지만 코람데오의 태도를 지닌 요셉은 그 맹렬한 유혹을 거절합니다. 거절의 수모를 당한 주인의 아내는 그를 강간범으로 몰게 되고 그로 인해 요셉은 감옥에 내던져지는 불운을 겪게 됩니다. 졸지에 요셉은 강간범으로 낙인찍히게 된 것입니다. 그것도 자신에게 은혜를 베푼 주인의 아내를 겁탈하려 한 파렴치한이 되었으니 얼마나 기가 막히는 일입니까? 오심도 이런 오심이 또 있을까요?

물론 이런 오심의 아픈 경험은 요셉의 이야기만이 아닙니다. 이 정도로 극단적인 상황은 아니라 하더라도 내가 속한 조직이나 나의 지인들이 내게 대해 잘못된 판정을 내리는 것은 우리의 생활 속에서 드문 일이 아닙니다. 내 인격이나 내가 한 일, 또는 나의 어떤 행동이 오심의 대상이 되는 것이죠. 물론 실제로는 오심이 아닌데 주관적인 판단이나 감정의 지나친 개입으로 오심이라고 느낄 경우도 있습니다. 그러나 그런 경우보다는 실제로 오해를 받거나 잘못된 판정에 직면하는 경우가 더 많다고 생각합니다. 그렇습니다. 오심은 삶의 엄연한 현실입니다. 맞닥뜨리기를 정말 원치 않지만 오심은 우리 삶에 문득문득 그 보기 싫은 모습을 드러냅니다. 더 나쁜 것은 운동경기의 경우처럼 우리 인생의 오심도 바로잡히지 않는 경우가 빈번하다는 데 있습니다.

이런 오심의 상황 가운데서 우리는 어떻게 해야 할까요? 김연아 선수를 피겨의 여제로 등극시킨 브라이언 오서 코치는 과거 김연아에게 오심 논란이 불거졌을 때 판정에 대해 심판을 비난하기보다는 이를 통해 더 배워나가고 앞으로 더 완벽한 연기를 개발하는 데 신경을 쓰겠다고 말한 바 있습니다. 그는 자신도 선수 시절 그런 경험을 통해 배우고 한 단계 더 성장했다면서 김연아가 "아직 많은 것을 배우는 과정에 있기 때문에 이 시련을 참고 이겨내는 것이 중요하다."고 설명했습니다. 그런 성숙한 반응이 올림픽에서의 놀라운 성과를 이루어내는 밑거름이 되었지 않나 생각합니다.

오셔의 반응은 때때로 인생의 오심을 경험하는 우리에게 훌륭한 모범을 보여줍니다. 우리는 분노하거나 누군가를 비난하기보다 그 경험을 통해 배우고 더 나은 사람으로 성장하는 계기로 삼을 필요가 있습니다. 모든 것을 아시고 공평하게 판단하시는 하나님께서 선하게 인도해주실 것을 기대하면서 말입니다.

이쯤에서 요셉 이야기의 나머지 부분을 말해야 할 것 같습니다. 하나님은 요셉에게 붙여진 강간범이라는 딱지를 떼 주지 않으십니다. 대신 그분은 감옥에 갇힌 요셉과 함께하십니다. 요셉 또한 그 잘못된 판정을 바로잡으려고 애를 쓴 것 같지 않습니다. 설사 그렇게 했다 해도 뒤집힐 리도 없었겠지만 말입니다. 여하튼 요셉은 그 말도 안 되는 오심 때문에 분을 내거나 비난과 원망으로 세월을 보내는 대신 감옥의 시련을 참고 주어진 일을 성실히 수행합니다. 오셔의 표현대로 하자면 "판정에 대해 심판을 비난하기보다는 이를 통해 더 배워나가고 앞으로 더 완벽한 연기를 개발하는데 신경을 쓴 것"이죠.

요셉의 성숙한 반응은 그와 함께하시는 하나님의 은혜와 버무려져 그를 진정한 챔피언으로 만들게 됩니다. 때가 차자 하나님은 그를 이집트의 총리로 높이십니다. 비록 강간범이라는 오심은 제때에 바로잡히지 않았지만 더는 그것이 문제가 되지 않았습니다. 이집트의 총리라는 직함은 그 모든 오심을 일거에 상쇄하는 것이었기 때문입니다.

혹시 어떤 오심 때문에 힘들어하고 있습니까? 설사 하나님께서 그 오심을 당장 바로잡아 주지 않는다 하더라도 낙심하지 말기 바랍니다. 강간범의 딱지를 단 요셉과 함께하셨던 하나님께서 당신과도 함께 하십니다. 우리의 할 일은 그 하나님을 신뢰하는 가운데 "판정에 대해 심판을 비난하기보다는 이를 통해 더 배워나가고 앞으로 더 완벽한 연기를 개발하는데 신경을 쓰는 것"입니다. 그것이 우리를 더 나은 성품의 사람으로 만들 뿐 아니라 인생이라는 올림픽의 챔피언으로 만들어 줄 훌륭한 재료가 될 것이기 때문입니다. 오셔의 말이 맞습니다. 우리는 "아직 많은 것을 배우는 과정에 있으므로" 이런저런 오심을 바로잡으려고 애쓰기보다 우리에게 닥친 이 시련을 참고 이겨내는 것이 더 중요합니다. 챔피언이 되면 그 모든 오심 논란은 사실 아무 문제도 되지 않으니까요.

2010. 03. 01.

둔감이 능력이다?

둔감하다는 말은 그리 좋은 어감을 가진 단어가 아닙니다. 제가 누군가에 대해 "그 친구는 좀 둔해."라고 평가한다면 그것은 결코 칭찬이 아님을 우리는 압니다. "소귀에 경 읽기"라는 속담에서도 알 수 있듯이 둔한 사람은 옆에서 아무리 말을 해도 눈만 껌벅거리며 서 있는 소에 비교됩니다. 둔감한 사람은 매력적이지 않을 뿐 아니라 성공할 수는 더더욱 없다고 생각합니다. 둔감함은 약점입니다. 둔감함은 해결해야 할 문제입니다.

그런데 이런 통념과는 다르게 둔감함을 미덕으로 칭송하는 사람이 있습니다. 의사 출신의 소설가 와타나베 준이치라는 사람입니다. 『실낙원』이라는 베스트셀러 소설로 본국인 일본은 물론 이웃 나라 한국의 수많은 독자를 매료시킨 이 작가는 「둔감력」The Power of Insensitivity이라는, 꼭 형용모순처럼 들리는 제목의 책에서 성공적인 삶을 위해 둔감함의 필요성을 역설합니다.

그는 사회적으로 대성한 거인들은 다 둔감하다고 주장하면서 정신적으로 좀 둔한 사람이 오히려 인생에서 성공할 수 있고 오랫동안 행복하게 살 수 있으니 둔감력을 키우라고 충고합니다.

둔감이 힘이라는 다소 역설적 주장을 펼친 그는 계속해서 예민함과 순수함이 오히려 함정이라고 도발합니다. 예민하고 순수한 사람은 다른 사람들이나 주변 환경으로부터 쉽게 상처를 받는다는 것입니다. 그뿐만 아니라 지나치게 예민하면 신체기관과 감각기관이 혹사를 당하여 건강에도 좋지 않고 실력발휘도 제대로 되지 않으니 어찌 함정이 아니겠냐는 것입니다. 그러니 모든 것을 너무 예민하게 받아들이지 말고 "그러거나 말거나" 하면서 사는 것이 오히려 성장과 성공의 비결이라고 저자는 주장합니다.

물론 그가 말하는 둔감은 미련함을 의미하는 것은 아닙니다. 그의 설명을 직접 들어보시죠.

곰처럼 둔하게 살아야 한다는 뜻이 아닙니다. 본인이 어떤 일에 지나치게 예민하게 반응하지 않는지를 자각하고 적절히 둔감하게 대처하면서 자신만의 삶을 살아야 한다는 의미입니다. 둔감력은 무신경이 아닌 복원력에 가깝습니다.

둔감함을 미련함이나 무신경이 아니라고 밝히면서 복원력에 비교한 것이 참 마음에 듭니다. 요즘은 "회복 탄력성"이라는 말도 하는데 그의 이 정의는 적절한 둔감함이 삶의 상처와 충격에서 우리를 회복시킬 수 있음을 함의합니다.

그러면 다양한 둔감력 가운데서 가장 중심이 되는 것은 무엇일까요? 시각, 청각, 후각, 미각, 촉각 등 오감의 둔감함을 비롯한 여러 둔감력을 소개하면서 그중 가장 중심이 되는 것으로 저자는 잘 자는 것을 듭니다. 별것도 아닌 사소한 일이나 자기 능력의 한계를 넘어선 일들로 지나치게 속 끓이지 말고 내 힘으로 어떻게 할 수 없다는 결론이 나면 그냥 훌훌 털어버리고 잠을 자라고 충고합니다. 이렇게 훌훌 털고 잠잘 수 있는 능력을 저자는 수면력이라고 부릅니다. 이것이야말로 건강하고 행복한 삶을 위한 능력임을 그는 강조합니다.

와타나베 준이치의 주장처럼 우리는 좋은 의미의 둔감력을 계발할 필요가 있습니다. 주변의 시선이나 평가에 지나치게 신경 쓰지 말고 내가 옳다고 생각하는 길을 묵묵히 가는 것은 멋진 둔감력입니다. 세상의 풍조나 압박에 휘둘리지 않고 하나님의 뜻에 집중하는 것은 영향력 있는 그리스도인이 되기 위해 반드시 계발해야 할 거룩한 둔감력입니다. 다른 사람의 부나 성공, 그가 걸친 옷, 그가 사는 집, 그의 지위 등에 인상 받지 않고 나와 비교하기를 거부하며 지금 내가 가진 것에 만족하며 사는 것은 우리를 행복하게 만드는 둔감력입니다.

아, 그러고 보니 예수님께서 그런 둔감력을 갖고 사셨음을 깨닫게 됩니다. 그분은 한없이 민감하셨지만, 한편으로 한없이 둔감하셨습니다. 위선적인 바리새인이나 종교 기득권자들의 비난에 전혀 신경 쓰지 않았습니다. 하나님의 뜻과 상관없는 대중들의 요구도 매몰차게 뿌리치셨습니다. 수면력도 놀라운 수준이어서 풍랑이 마구 들이치는 배에서 세상모르고 쿨쿨 주무셨습니다. 둔감한 것이 예수님을 닮는 것이라는 생각을 처음으로 해봅니다. 선천적으로 좀 예민한 저는 둔감력의 고수이신 주님을 바라보며 앞으로 둔감력의 수준을 많이 끌어올려야 되겠다는 결심을 합니다.

물론 우리에겐 민감해야 할 때도 있습니다. 한 목사님이 자신의 부 교역자들에게 했다는 권면이 생각납니다. 그분은 "민감할 때 민감하고 둔감할 때 둔감하자."며 목소리를 높였습니다. 그 목사님의 말처럼 민감해야 하는 경우에 우리는 민감해야 합니다. 하나님의 음성, 성령의 인도, 다른 사람들의 필요와 아픔 같은 것에는 아주 예민해질 필요가 있습니다. 그러나 동시에 우리는 많은 부분에 있어 더 둔감해져야 합니다. 자신의 권리와 이익, 누군가가 내게 가하는 아픈 말과 행동들, 사람들의 수군거림, 세상 영광에 대한 유혹, 조석으로 바뀌는 세상의 헛된 유행, 경쟁하거나 비교하려는 경향성, 이미 지나가 버린 일들이나 내 힘으로 어떻게 할 수 없는 상황들에 대해 우리는 둔감함의 자질을 키워가야 합니다.

기억하십시오. 둔감함은 능력입니다. 우리 주님을 닮는 것이며 건강하고 풍성한 삶을 가능하게 하는 내적 자질입니다. 수많은 유혹과 문제 가운데서도 마침내 사명을 이루게 하는 힘입니다. 둔감력이 필요한데 어떻게 해야 할까요? 특별히 저처럼 원래 좀 예민한 사람들은 어떻게 그 둔감력을 가질 수 있을까요? 한 가지 생각이 납니다. 모든 것을 주관하시는 전능자 하나님을 바라보며 그분께 내 삶을 자꾸 내맡기는 것, 상황이나 사람의 평가보다 우리를 이미 용납하신 그분을 믿음으로 바라보는 것, 무조건적인 사랑으로 나를 사랑하시는 그분께서 언제나 나의 편이시며 모든 것을 합력하여 선을 이루시는 전문가이심을 진짜 믿는 것, 그리고 그런 가운데 그분과 긴밀히 동행한다면 우리는 좋은 의미의 둔감력을 더 잘 계발할 수 있지 않을까요? 그리고 더 나아가 앞에서 언급한 그 목사님의 말처럼 민감할 때 민감하고 둔감할 때 둔감할 수 있지 않을까요? 그럴 것이라고 믿습니다. (사실은 이 글의 마무리 문장이 좀 맘에 들진 않지만 그냥 둔감하렵니다. 둔감이 능력이니까요. 하하!)

2016. 09. 02.

뭣이 중헌디?

고든 맥도날드의 책 가운데 『남자는 무슨 생각을 하며 사는 가』라는 훌륭한 책이 있습니다. 그 책에 보면 제임스 렌페스티라 는 뉴욕 건축가의 이야기가 나옵니다. 그는 열한 살 때 자기 아 버지와 함께 뉴햄프셔주에 있는 어느 호숫가에 밤낚시를 갔습니 다. 합법적인 배스bass 낚시 철이 시작되기 바로 전날 밤이었습니 다. 갑자기 그의 낚싯대가 거의 5cm 정도 밑으로 휘어졌습니다. 큰 놈이 물린 것입니다. 고기는 호락호락하지 않았습니다. 아버 지는 어린 아들이 용감하게 싸워 결국 탈진한 고기를 물속에서 끌어올리는 모습을 대견스레 지켜봅니다.

고기는 자신이 본 것 중 가장 큰 것이었지만 불행히도 배스였 습니다. 아버지는 시계를 봅니다. 배스 낚시가 허용되기 두 시간 전인 밤 10시였습니다. 겨우 두 시간이었습니다. 사람에 따라선 고기가 잡힌 시간이 법적 허용시간과 별 차이 없다고 결론짓고 진실에 눈감을 수도 있는 순간이었습니다. 그러나 렌페스티의 아버지는 그렇지 않았습니다. "얘, 고기를 도로 놓아주어라." 아들이 아무리 완강히 거부해도 고기를 도로 놓아주어야 한다는 아버지의 뜻은 변함없었습니다. 아들은 누가 보고 있는지 주변을 둘러보았습니다. 아무도 없었습니다. 그래도 아버지는 요지부동이었습니다. 토라진 어린 아들은 다시는 이렇게 큰 고기를 볼 수 없을 거라고 불평을 하며 고기를 물속으로 던져 넣었습니다.

렌페스티는 그 사건이 당시는 받아들이기 힘들었지만, 자신의 평생에 영향을 주었다고 고백했습니다. 그것은 아무도 보고 있지 않을 때도 바르게 살 수 있도록 동기를 부여했습니다. 그것은 바로 앤디 스탠리Andy Stanley가 정의한 것처럼 "일신상의 대가가 따르더라도 하나님 기준의 옳은 길을 가려는" 성품의 형성에 영향을 끼쳤습니다. 그리하여 그 경험은 예를 들어, 설계도를 기간 안에 넘기기 위해 부당한 지름길을 택하는 등의 편법과 꼼수를 거부할 수 있게 했고 자신을 존경받는 건축가로 살 수 있게 해주었습니다. 렌페스티는 월척을 놓아주었지만 그 과정에서 진짜 인생의 월척을 낚은 것입니다.

리우 올림픽이 끝나고 나니 망신살이 뻗친 선수들의 이야기가 들립니다. 금메달을 딴 미국의 한 수영선수는 브라질에서 강도를 당했다고 한 거짓말이 탄로가 나서 국제적인 비난과 함께 스폰서가 끊기는 굴욕을 당했습니다. 올림픽 기간 중 자신이 했던 일탈과 난동 등 규정 위반을 감추기 위한 거짓말이었습니다.

또 한 사람은 베이징부터 리우까지 세 올림픽 연속 세 개의 금메달 획득이라는 금자탑을 쌓은 "인간 탄환" 우사인 볼트입니다. 그는 브라질의 한 여인과 침대에서 찍은 사진과 함께 난잡한 사생활이 공개되어 많은 팬을 실망시켰을 뿐 아니라 약혼녀에게 버림받을 위기에 처했습니다. 이들은 뛰어난 재능을 보유한 올림픽 챔피언이지만 그에 걸맞은 인격을 갖추지 못해 자신을 스스로 챔피언의 자리에서 끌어내리는 행동을 했습니다.

하나님은 어떤 사람을 챔피언이라 하실까요? 그분의 시선은 어디에 머물고 있습니까? 사람은 외모, 재능, 지식, 기술, 성취 등에 주목하지만 하나님은 우리의 인격에 관심을 두십니다. 그래서 평생에 걸쳐 우리를 당신의 아들이자 가장 매력적 존재이신 예수 그리스도의 성품을 닮은 사람으로 빚어 가시는 것입니다. 그것이 바로 우리를 구원하신 목적이며 우리에게 성령을 주신 이유이기도 합니다. 그래서 그분은 때로 원치 않는 고난과 어려움도 우리에게 허락하십니다. 좀 아프더라도 우리의 속사람이 연단되어 더 나은 인격을 가질 수 있다면 그럴만한 가치가 충분하다고 생각하시기 때문입니다. 렌페스티의 아버지처럼 말입니다.

이번의 실망스러운 올림픽 메달리스트들의 이야기에서도 보듯 이 세상에서도 재능이나 성취만이 그 사람을 진정한 챔피언으로 만들어 주지는 않습니다. 사람들은 재능에 박수를 보내고 성취에 감탄하지만, 그것 때문에 누군가를 존경하지는 않습니다. 오직 성품의 사람a man of character만이 존경을 받고 지속적인 영향력을 미칩니다. 이 세상이 그러하다면 하나님의 나라는 어떠하겠습니까? 재능이 좀 없어도 괜찮습니다. 대단한 성취를 못 해도 됩니다. 예수 그리스도를 닮은 성품의 소유자가 된다면 하나님은 당신을 주목하며 사용하실 것입니다. 하나님에게 그것보다 더 중요한 것은 없기 때문입니다.

얼마 전에 엄청난 흥행몰이를 했던 영화 《곡성》의 명대사 가운데 "뭣이 중헌디?"라는 말이 있었습니다. 한 아역 배우의 입에서 나온 그 말은 수많은 사람의 입에서 회자되며 정말 중요한 것이 뭔지를 생각하게 하는 계기가 되었습니다. 뭣이 중한지를 아시는 하나님은 우리의 속사람, 우리의 인격이 중요하다고 하십니다. 렌페스티의 아버지는 뭣이 중한지를 알았고 우사인 볼트와 미국의 그 수영선수들은 그것을 잘 몰랐습니다. 당신은 뭣이 중한지를 아시나요? 그리고 그 중요한 것을 중요한 것으로 여기며 거기에 투자하고 있습니까?

그 옛날 하나님께서 이스라엘의 초대 왕인 사울에게 실망하신 후, 선지자 사무엘을 이새의 집으로 보내 그 형제들 가운데서 왕을 뽑을 때의 이야기가 생각납니다. 사무엘은 이새의 장남 엘리압의 외모에 인상을 받고 그가 하나님께서 선택하신 사람일 거라고 짐작합니다. 그때 하나님은 사무엘에게 엘리압의 준수한 외모와 큰 키만 보지 말라고 하시면서 "사람은 겉모습만을 따라 판단하지만, 나 주는 중심을 본다."라고 말씀하십니다. 하나님이 무엇을 중요하게 생각하는지를 분명하게 밝히신 말씀입니다. 그래서 뽑힌 왕이 다윗인데 그가 "하나님의 마음에 합한 사람"이라는 칭호를 얻은 것은 우연이 아닙니다.

뭣이 중합니까? 모든 가치의 판단자이신 하나님은 우리의 중심, 즉 성품이라고 말씀합니다. 외모지상주의의 이 얄팍한 세상에서 이 하나님의 말씀을 유념하고 산다면 우리는 결코 "뭣이 중헌디? 뭣이 중한지도 모름서"라는 질책에 시달리지 않을 것입니다. 오히려 우리는 인생의 진정한 챔피언으로서 충만한 삶을 살수 있게 될 것입니다.

2016. 08. 25.

내 인생의 USB 지키기

지난 월요일 학교에 가기 전, 교회에 들렀습니다. 극동방송 녹음을 마치고 컴퓨터에서 USB를 빼내 양복 호주머니에 넣었습니다. 마침 집에 택배가 왔다는 문자가 왔는데 빨리 찾아야 한다고 해서 다시 집으로 갔습니다. 택배의 내용물을 집 안에 넣어놓고 급히 나왔습니다. 그리고 한 시간가량 차를 몰아 학교로 갔습니다. 학교 연구실에 있는 노트북의 전원을 켜고 USB를 꽂기 위해 주머니에 손을 넣었는데 이게 웬일입니까? USB가 없었습니다. 입고 있는 옷의 모든 호주머니와 가방을 다 뒤졌지만 USB는 나오지 않았습니다. 아마도 택배를 찾아들고 왔다 갔다 하는 과정 가운데 그것이 옷 호주머니에서 빠져나간 모양입니다. 후에 학교에서 돌아와 집과 교회를 샅샅이 뒤졌지만 USB는 없었습니다. 잃어버린 것입니다.

비록 손가락 마디 정도로 작지만 그 USB는 제게 너무도 소중한 것이었습니다. 지금까지 한 대부분의 설교 원고와 지금까지 썼던 거의 모든 글이 그 안에 들어있습니다. 논문과 기고문들, 앞으로 출판을 계획 중인 책들의 원고도 거기 있습니다. 교회 사역에 대한 여러 매뉴얼들과 자료들, 서신들, 다양한 사진들, 그리고 학교의 행정적인 문서들도 다 그 안에 넣어두었습니다. 미련하게도 저는 몇 개의 다른 USB를 쓰거나 다른 곳에 백업해놓지 않아 그 하나 안에 거의 모든 것이 담겨 있었습니다. 제게는 돈으로 환산할 수 없는 소중한 재산들입니다. 그런데 그 모든 소중한 것을 한순간에 잃어버린 것입니다.

따지고 보면 제 잘못입니다. 제가 그 USB를 제대로 관리하지 못해서 일어난 일입니다. 저는 일하는 공간이 두 곳이라 매주 그 USB를 갖고 다녀야 합니다. 그렇다면 더 주의를 기울여야 했습니다. 신학교에서 함께 섬기는 한 교수님의 경우를 보면 USB 목걸이를 만들어 언제나 목에 걸고 다닙니다. 저는 그 모습을 보면서 도전을 받기보다 오히려 약간 우습게 생각을 했습니다. "저분은 정말 꼼꼼하고 철저한 분이야. 그렇지만 꼭 저렇게까지 해야 해? 넥타이 위에 USB 목걸이라니! 정말 볼썽사납군!" 그러나 이제 USB를 잃어버린 후, 저의 그 냉소적인 생각은 꼬리를 내리지 않을 수 없었습니다. 그분의 목에 걸린 USB가 그렇게 멋있어 보일 수가 없습니다.

아니면 어딘가에 자료를 백업이라도 해 놓았어야 했습니다. 좀 귀찮고 시간이 걸리더라도 그렇게 했었어야 했습니다. 사실

제가 USB를 애타게 찾는 것은 그 자체 때문이 아니라 그 안에 있는 자료들 때문입니다. 그것들을 지킬 수 있는 이중삼중의 조치를 취해야 했습니다. 얼마 전 우리 교회 부목사님이 인터넷 포털사이트의 "클라우드"에 자료를 넣어두면 안전할 뿐 아니라 편리하다고 안내까지 해주었습니다. 곧 그렇게 하리라고 생각했지만 미루는 바람에 이런 불상사를 맞게 된 것입니다.

우리에게는 다 소중한 것들이 있습니다. 제 말은 집이나 차 같은 것 말고 정말 소중한 것을 의미합니다. 돈으로 살 수 없는 것들, 하나님께서 소중하다고 말씀하시는 것을 뜻합니다. 이를테면 가정, 순결, 신앙, 교회, 인격, 마음과 같은 것들입니다. 우리는 그런 것들을 잘 지켜야 합니다. 좀 불편하더라도, 거추장스럽게 느껴지더라도, 누가 우습게 생각하더라도 우리는 그것을 지키는데 만전을 기해야 합니다. 그것을 지킬 수 있는 이중삼중의 조치를 취해야 합니다.

당장 괜찮다고 방심하면 큰일 납니다. '설마'라고 하면서 그 관리를 소홀히 여겨서도 곤란합니다. 귀찮다고 미뤄도 안 됩니다. 언제나 신경을 써야 하며 철저히 관리해야 하며 지켜야 합니다. 좀 지나치다 싶을 만큼 해야 합니다. 지혜의 대명사인 솔로몬은 잠언 4:23에서 "그 무엇보다도 너는 네 마음을 지켜라. 그 마음이 바로 생명의 근원이기 때문이다."라고 충고합니다. 지혜자는 마음이 우리가 모든 것을 걸고 지켜야 할 하나의 귀한 가치라고 말씀합니다. 잃어버리지 않도록, 도둑맞거나 손상되지 않도록 최고의 주의를 기울여 잘 관리해야 한다는 뜻입니다. 말하자면 마음은 우리 인생의 "USB" 가운데 하나입니다. 그 안에 우리 삶의 모든 것이 있기 때문입니다.

우리는 그런 것들을 지켜야 합니다. 그처럼 소중한 것들은 귀찮다고 미루지 말고, 괜찮을 거라고 자만하지도 말고 모든 노력을 기울여 지킬 필요가 있습니다. 당신 삶의 "USB"가 무엇인지 아십니까? 그것들을 확인하고 지키십시오. 손상이 일어나지 않도록 관리하십시오. 모든 것을 드려서라도 그렇게 하십시오. 그럴만한 가치가 충분히 있습니다.

소중한 것을 잃어버린 후에 땅을 치고 후회하는 미련한 사람이 되지 않기를 바랍니다. 바로 지금의 저처럼 말입니다. 근데 제가 잃어버린 그 USB는 지금 어디에 있을까요? 아, 계속 속이 너무 쓰라립니다.

2013. 09. 20.

이것 또한 지나가리라

　고 장영희 교수가 쓴 『문학의 숲을 거닐다』라는 책에는 유대교의 미드라쉬midrash에 나오는 이야기 하나가 실려 있습니다. 미드라쉬란 성경 말씀을 구체적인 상황에 적용할 목적으로 성경에 대한 설교적 해석을 시도한 유대 문학의 형태를 일컫는 말입니다. 유대교 랍비들이 만든 일종의 설교집이라고 할까요? 거기에 이런 이야기가 나온다고 합니다.

　어느 날 다윗 왕이 보석 세공인을 불러 명령을 내립니다. "반지 하나를 만들되 거기에 내가 큰 승리를 거둬 기쁨을 억제하지 못할 때 감정을 조절할 수 있고, 동시에 내가 절망에 빠져 있을 때는 다시 내게 기운을 북돋워 줄 수 있는 글귀를 새겨 넣어라." 아무리 고민을 해봐도 좀처럼 그런 글귀가 생각나지 않자 보석 세공인은 지혜롭기로 소문난 솔로몬 왕자를 찾아갔습니다. 도움을 청하니 왕자가 이렇게 답했습니다. "그 반지에 '이것 또한 지나가리라'고 새겨 넣으십시오. 왕이 승리감에 도취해 자만할 때, 또는 패배해서 낙심했을 때 그 글귀를 보면 마음이 가라앉을 것입니다."

"이것 또한 지나가리라!" 추운 겨울에 감기까지 걸려 골골하는 제게 위로가 되는 글귀입니다. 1월이 가고 입춘이 다가왔지만 여전히 한파가 만만치 않습니다. 바깥 날씨만 추운 것이 아니라 여러 가지 삶의 고통으로 마음마저 추운 분들이 많이 있는 것으로 압니다. 지난주일 예배 후에 우리 교회 유치부의 한 어린아이가 독감으로 열이 40도까지 올라 병원에 입원했다고 해서 심방을 다녀왔습니다. 아이가 울어서 잠깐 기도만 하고 돌아왔는데 아파하는 아이를 안고 있는 그 젊은 엄마의 모습이 아주 힘겨워 보였습니다. 발길을 돌려 나오는 동안 그 잔상이 오랫동안 마음에 남아 발걸음을 무겁게 만들었습니다.

어디 그분들뿐이겠습니까? 어떤 분들은 재정적인 어려움으로, 어떤 분들은 부부간의 문제로, 어떤 분들은 자녀의 방황으로, 어떤 분들은 자신 또는 가족의 건강 악화로 힘든 겨울을 보내고 있습니다. 청년들도 예외가 아닙니다. 꿈과 희망까지 포기한 7포 세대라고 일컬을 정도니 그들도 왜 힘들지 않겠습니까? 담임 목회자로서 어려운 성도들의 이야기를 들을 때마다 마음이 아픕니다. 그 상황에 별로 해줄 수 있는 게 없어서 더 고통스럽습니다.

그러나 기억하십시오. 삶의 모든 과정은 영원히 지속되지 않습니다. 견딜 수 없는 아픔, 죽을 것 같은 슬픔, 참담한 실패, 고개를 들 수 없는 수치와 오욕의 순간들은 다 지나가기 마련입니다. 물론 영광과 승리와 기쁨의 순간도 마찬가지이겠죠.

유난히 추위를 타는 저는 겨울나기가 참 힘듭니다. 얼굴을 할퀴는 따가운 바람을 맞을 때마다, 얼어붙은 눈길을 곡예 하듯 걸어갈 때마다 '이놈의 겨울은 언제 지나가지?'라는 생각을 참 많이 했었습니다. 매년 그랬습니다. 올해는 한파가 좀 늦게 와서 그래도 좀 나은 것 같은데 2, 3년 전인가는 겨울이 너무 길고 추워서 봄이 결코 안 올 것만 같은 절망감에 살짝 빠진 적도 있었습니다. 그러나 그 모든 겨울은 봄의 화사한 얼굴에 자리를 내주고 지나가 버렸습니다. 언제나 그랬습니다.

당신이 어떤 상태에 있든 간에 기억하십시오. 그것 또한 지나갑니다. 특별히 인생의 겨울을 만나 고통과 슬픔 가운데 있다면 성경이 권면하는 것처럼 하나님을 신뢰하는 가운데 인내하며 견디십시오. 그것들은 영원하지 않으며 겨울처럼 인생의 한 계절에 불과합니다. 곧 봄이 올 것입니다. 거기다 그런 것들은 봄의 아름다운 꽃을 피우는 재료가 될 것입니다. 어느 시인이 자신의 시에서 "흔들리지 않고 피는 꽃이 어디 있으랴 … 젖지 않고 피는 꽃이 어디 있으랴"라고 노래한 것처럼 우리를 흔들고 젖게 하는 비바람과 긴 겨울의 지겨운 추위조차도 그냥 아무 의미와 가치가 없는 불청객이 아니라 우리의 삶 속에서 무언가 아름다운 것을 만들어내는 재료가 될 수 있음을 반드시 기억하며 인내해야 합니다.

그리고 또 기억하십시오. 이 땅에서 우리에게 주어진 팔구십 년의 삶 또한 지나갈 것입니다. 그 모든 영광과 오욕, 기쁨과 슬픔의 순간들과 함께 말입니다. 그리고 마침내 결코 지나가지도 사라지지도 않을 찬란한 영원이 올 것입니다. "다시는 죽음이 없고 슬픔도 울부짖음도 고통도 없을" 새로운 세상이 올 것입니다. 그러므로 그 영원의 도래를 바라며 소망을 잃지 마십시오. 인생이 길어 보이고 그 질곡이 깊더라도 또는 때로 그 영광의 달콤함에 오래 취하고 싶더라도 기억하십시오. 이것 또한 지나갑니다.

2016. 02. 03.

3부

영향력,
어떻게
키우나?

당신은 카피되고 있다

　며칠 전에 아들인 하늘이와 오랜만에 통화를 했습니다. 아직 질풍노도의 시기를 완전히 벗어나지 않은 스무 살짜리 사내아이라 그리 자상하게 자기 이야기를 하지도 않고, 그렇다고 한국에 있는 가족에 대해 그리워하거나 별로 궁금해하지도 않기 때문에 종종 전화 대화는 몇 마디의 사무적인 질문이나 의례적인 안부 멘트로 싱겁게 끝이 날 때가 많습니다. 다행히 이번에는 목소리가 한결 밝아 전화를 걸었던 아내의 표정도 확 펴지는 것을 볼 수 있었습니다. 쉽지 않은 학교의 부담스러운 과제와 학기말 고사를 다 끝내고 나니 그 아이도 홀가분해서 기분이 좋아졌는지 모르지요.

　이런저런 주제로 한동안 통화를 하던 아내는 -아마도 가장 힘든 질문 중의 하나일- 시험결과에 관해 묻기 시작했습니다. 순순히 대답해줄 리 없는 아이에게 아내는 이것저것을 따져 묻다가 저를 바꿔주었습니다. 전화기를 옮겨 받는 순간에 '아이에게 무슨 말을 할까?'라는 생각을 했습니다. '아내가 다 묻지 못한 사항들을 더 자세히 따져 물어볼까'라는 생각도 들었습니다. 그러던 중 예상치 않았던 한 질문이 문득 머리를 스치고 지나갔습니다. '내 아버지라면 이런 경우에 어떤 말씀을 하실까?' 아마 그분은 많은 말씀을 하지 않으실 것이라는 생각이 들었습니다. 그저 다정한 목소리로 '몸은 어떠냐?'라고 물으시고 대학생으로서의 첫해를 잘 마무리해서 유종의 미를 거두라고 격려하실 것입니다. 그래서 저는 저의 궁금증과 잔소리에 대한 욕구를 억누르고 최대한 저의 아버지처럼 말하려고 노력했습니다.

부모로서 자녀와의 관계뿐 아니라 목회적 상황 가운데에서도 혼자 유사한 질문을 할 때가 있습니다. 이 경우에는 저의 아버지가 아니라 한 목사님을 떠올리는데 김우생 목사님이 바로 그분입니다. 그렇습니다. 저는 종종 '김우생 목사님이라면 이런 경우 어떻게 하실까?'라는 질문을 합니다. 저는 신학 공부를 마치고 한국에 돌아와 김 목사님의 조력자로 거의 10년을 보냈습니다. 그분은 제가 풀타임 사역자로 헌신한 후 가장 가까이서, 가장 오랫동안 함께 사역하며 지켜본 담임목사님이십니다. 그러므로 저도 모르게 그분의 모습이 떠오르며 그분처럼 행하려고 하는 자신을 발견하게 됩니다.

저의 아버지와 김 목사님은 저의 역할모델role model이라고 말할 수 있습니다. 본받으려고 의도적으로 노력하지 않았지만

한 분은 아버지로서, 다른 한 분은 담임목사님으로서 상당한 시간 동안 제가 봐왔기 때문에 저의 잠재의식 가운데에 자리 잡게 되었던 것입니다. 물론 저는 목회학 강의를 듣기도 하고 부모의 역할에 대한 책을 읽기도 하면서 목회와 자녀 양육 등에 대해 유익한 것들을 배웠습니다. 그러나 그에 못지않게, 아니 그 이상으로 각 영역에서 역할모델의 영향력은 중대했던 것 같습니다. 사람은 다른 사람을 통해서 가장 잘 배운다는 말이 맞는 것 같습니다. 특별히 인격이나 성품, 신앙과 같은 것들은 이론적인 지식보다는 가족이나 선배와 같은 가까운 사람들을 통해서 더 잘 습득하게 됩니다. 그래서 리더십과 자기계발의 권위자인 존 맥스웰John Maxwell은 "인격적 자질은 가르쳐지기보다 포착되어진다Character qualities are more caught than taught."라고 말하였을 것입니다. 사실 이는 새로운 이야기가 아닙니다. 지금으로부터 거의 삼천 년 전에 지혜자는 "철이 철을 날카롭게 함과 같이 사람이 그 친구의 얼굴을 빛나게 하느니라."(잠 27:17)라고 말하면서 이 진리를 역설했습니다.

당신은 어떤 역할모델입니까? 부모로서, 교회의 집사와 소그룹 리더로서, 직장의 상사로서, 또는 교사로서 어떤 모습을 보여주고 있습니까? 당신의 의도와는 무관하게 그 모습이 누군가의 잠재의식 속에 저장되고 있음을 기억하십시오. 어쩌면 바로 이 순간, 누군가가 은연중에 당신의 모습을 본받고 있을지 모릅니다. 당신이 좋아하는 것이건, 그렇지 않은 것이건 상관없이 당신의 어떤 자질과 모습들이 어디선가에서 복제되고 있다는 말씀입니다. 당신의 부하직원이 최선을 다해 직무에 충실하기를 원하십니까? 당신이 먼저 그런 사람이 되어야 합니다. 당신의 자녀가 경건한 부모, 사려 깊은 배우자가 되기를 원하십니까? 당신이 먼저 그런 부모, 그런 배우자가 되려고 노력할 필요가 있습니다. 하나님을 뜨겁게 사랑하고 교회를 세우는 훌륭한 집사님들이 교회에 많이 나오기를 원하십니까? 당신이 그런 직분자의 모습을 먼저 보여주셔야 합니다.

잠언서의 기자가 서술한 것처럼 친구(또는 자녀, 교회 식구, 제자, 직장 후배)의 얼굴을 빛나게 하는 사람이 되었으면 좋겠습니다. 자타가 공인하는 탁월한 본보기로서 사도바울처럼 "나를 본받아라!"고 자신 있게 외칠 수 있다면 더없이 좋겠지만, 설사 그 정도까지는 안 된다 하더라도 누군가가 나처럼 한다고 했을 때 그리 당황스럽지 않은 모델은 되도록 애써야겠다는 생각을 해봅니다. 부디 주께서 맡겨주신 다양한 역할들을 수행하는 동안, 우리의 자녀와 후배와 주변 사람들에게 긍정적인 영향을 끼치며 좋은 유산을 물려주면서 살아가는 우리 모두가 되기를 소망합니다.

2009. 06. 18.

편안함의 유혹

요즘 퇴근해서 집에 갈 때는 걸어서 계단을 올라갑니다. 저희 집이 12층에 있어서 집에 도달할 때쯤이면 몸에 땀이 배고 다리가 뻐근합니다. 힘들다는 것을 알기 때문에 늘 1층의 엘리베이터 앞에서 갈등합니다. 걸어 올라간 지가 제법 되었는데도 여전히 엘리베이터의 유혹은 상당히 강렬합니다. 버튼 하나만 누르면 편안하게 갈 수 있는데 '이 더운 날 굳이 힘들게 걸어서 계단을 올라가야 하나?'라는 생각이 자주 저를 머뭇거리게 합니다. 그러나 그 유혹을 이기고 다 올라가면 언제나 기분이 좋습니다. 그리고 바로 느끼진 못하겠지만 그것은 몸에도 좋은 영향을 끼칠 것입니다.

엘리베이터는 평상시 제가 마주하는 수많은 편안함의 유혹 가운데 하나입니다. 새벽기도회를 앞둔 새벽의 침대도 비슷한 유혹을 우리에게 행사합니다. 조금 더 자고 싶고 조금만 더 누워있으면 싶을 때가 적지 않습니다. 푹신한 소파와 대형 TV 스크린과 멋진 디자인의 리모컨도, 그리고 냉난방기와 스테레오, 내비게이션 등 모든 것이 다 갖추어진 고급 자가용도 우리를 유혹하는 편안함의 도구들입니다.

편안함은 대한민국과 같은 문명 세계를 사는 현대 그리스도인들에게 가장 매력적인 유혹입니다. 우리는 편안함에 너무 익숙해져 있습니다. 해서 조금만 불편해도 잘 참지 못합니다. 우리 주변에는 우리를 편안하게 해주는 온갖 종류의 도구들로 가득합니다. 사람들은 그런 것들을 더 많이 갖기 위해 경쟁적으로 일하고 어떻게든 돈을 법니다. 편안함의 도구들을 더 많이 가질수록, 그리고 그 도구들이 더 신형이며 더 고급일수록 우리는 자신을 성공했다고 여깁니다.

그러나 편안함이 다 좋은 것은 아닙니다. 지나치게 편안한 삶으로 인해 많은 사람의 건강이 위협을 받고 있습니다. 비만과 고혈압을 비롯한 여러 성인병이 편안함의 추구에서 비롯됩니다. 그뿐만 아니라 편안함은 우리의 영적 생활을 위협하며 주님과 동행하는 삶을 방해합니다. 그것은 우리 삶을 특별하게 빚어줄 하나님 나라의 소명에 응답하지 못하게끔 우리를 붙잡습니다. 그런 면에서 보면 집 안에 있는 물건들 가운데 안락의자와 리모컨이 가장 위험한 것이라는 존 오트버그John Ortberg의 말은 정말 올바른 지적이라 생각됩니다.

시공을 초월하여 헤아릴 수 없는 사람들에게 선한 영향을 주었고 가장 위대한 삶을 사셨던 예수님의 경우를 봅시다. 잘 알다시피 예수님은 편안한 길을 찾으신 분이 아닙니다. 그럴 것이었다면 아예 이 땅에 오시지 않았을 것입니다. 그분이 걸으신 삶의 길은 노래의 제목으로도 잘 알려진 "Via Dolorosa"(비탄의 길, 고난의 길)입니다. 인류를 구원하는 하나님의 사명을 이루기 위해 그분은 묵묵히 십자가의 길을 가셨습니다.

몸소 그렇게 사셨던 분이시기에 그분은 지금도 우리를 그냥 편안한 삶으로 이끄시지 않습니다. 오히려 그분은 당신의 제자들에게 "날마다 자기를 부인하고 자기 십자가를 지고" 따를 것을 요구하십니다. 널찍하고 들어가는 사람이 많은 넓은 길이 아니라 문이 좁고 찾는 사람이 적은 비좁은 길로 우리를 이끄십니다. 그 길이 참된 삶으로 이끄는 길임을 잘 아시기 때문입니다.

편안함에 너무 익숙해지지 않도록 주의합시다. 사실 편안함만을 추구하는 삶은 매우 위험한 삶입니다. 예수님은 길이 널찍하고 많은 사람이 찾는 편안한 길은 당장은 좋게 보일지 몰라도 결국은 멸망으로 이끄는 문이라고 하셨습니다. 편안함에 진다면 우리의 믿음과 인격은 결코 성장할 수 없습니다. 우리는 예수님의 제자로서 누군가에게 선한 영향을 끼치며 살 기회를 놓칠 뿐 아니라 하나님 나라의 일꾼으로 쓰임 받지 못할 위험에 직면할 것입니다.

기억하십시오. 하나님은 위대한 삶을 주시기 위해 종종 우리를 편안한 삶에서, 우리의 "안전지대"에서 불러냅니다. 아브라함을 본토 친척 아비 집에서 불러내신 것처럼, 베드로를 배 밖으로 나오라고 하신 것처럼 그분은 우리를 부르십니다.

- 편안함의 도구들로 가득 찬 거실로부터…
- 나만 생각하는 이기적인 삶의 방식으로부터…
- 굳어버린 나쁜 습관으로부터…
- 구태의연하거나 세속적인 생각으로부터…
- 나 스스로 그어 놓은 한계선으로부터…
- 늘 해왔던 안일하고 익숙한 "신앙생활"로부터…
- 내 삶의 안전을 보장할 거라고 굳게 믿고 있는
  물질에 대한 의존성으로부터…
- 실제로 하나님보다 더 밀착되어 있는 어떤 대상으로부터…

그분은 나오라고 부르십니다.

그 부르심에 응답하십시오. 좀 불편하지만 가치 있고, 힘들지만 보람 있는, 그리고 때론 위험하지만 흥미진진한 그 부르심에 "예"라고 하십시오. 들고 있던 리모컨을 내려놓고 소파에서 일어나십시오. 갈등이 없진 않겠지만 부르신 분을 신뢰하고 분연히 서십시오. 그리고 찾는 사람이 적은 비좁은 길로 나가십시오. 예수님의 뒷모습을 보게 될 것입니다. 사람을 낚는 삶을 살 것입니다. 하나님만이 주실 수 있는 펄떡이는 생명을 찾아 누리게 될 것입니다.

엘리베이터를 거부하고 헉헉대며 계단을 걸어 올라가면 힘은 들지만 이상하게도 점점 더 싱싱하게 살아 있음을 느끼게 됩니다. 힘차게 고동치는 심장박동을 느끼며 희열에 빠질 때도 있습니다. 편안함의 유혹을 뿌리치고 하나님의 부르심에 응답하여 홀로 좁은 길을 걷는 당신에게도 순간순간 그런 보상이 있을 것입니다. 반드시 그럴 것입니다. 자, 준비되셨나요? 그럼 이제 일어나 나가실까요? 저부터 먼저 갑니다. 휘리릭~

2013. 07. 08.

나는 어땠는가?

우리 교회의 교역자들은 보통 매주 목요일마다 회의시간을 가집니다. 이 시간에 교회의 다양한 사역에 대해 의견을 나누고 서로의 생각을 조율합니다. 회의가 끝나면 함께 식사하면서 교제하고 우의를 다집니다. 물어보지는 않았지만 교역자들은 회의보다 그 이후의 식사시간을 더 좋아하지 않을까 싶습니다. 이 회의시간 동안 우리가 하는 일들 가운데 중요한 것 하나는 평가하는 일입니다. 한 주간의 사역을 돌아보면서 잘한 점은 무엇이고 아쉬운 점은 무엇이었는지를 살펴봅니다. 그리고 앞으로는 어떻게 해야 할지에 대해 지혜를 모읍니다. 이번 주에는 "새 가족 사랑의 만찬"에 대해 나름대로 평가를 했는데 여러 좋은 이야기들이 나왔습니다. 비록 모든 말이 듣기에 좋은 것은 아니었지만 유익한 이야기라는 뜻입니다.

자신을 평가하는 것은 발전을 위한 중요한 습관이며 영향력을 꿈꾸는 리더가 반드시 실행해야 할 일입니다. 이것은 개인이든 단체이든 마찬가지입니다. 이것은 우리의 직업적인 삶과 영적인 삶에 다 적용될 수 있습니다. 오늘날 세계적으로 가장 큰 영향을 미치고 있는 교회 가운데 하나인 윌로우크릭 교회는 스스로를 평가하는 것으로 유명한 교회입니다. 그 교회의 창립멤버이자 예술 담당 디렉터인 낸시 비치Nancy Beach는 평가야말로 윌로우크릭 교회의 창설 때부터 시행되어온 거룩한 습관이라면서 개인적 차원과 팀 차원에서의 지속적이고 무자비한 평가가 없었다면 지금의 윌로우크릭 교회도 없었을 것이라고 잘라 말합니다. 그녀는 또한 평가야말로 과거의 실수로부터 배울 뿐 아니라 하나님께서 기름 부으시고 사용하셨던 거룩한 순간들을 기억창고 속에 저장함으로써 우리를 더 향상시킬 수 있는 유일한 길이라고 주장하기도 합니다.

평가가 기업이나 관공서 같은 데서 하는 일이기 때문에 교회나 그리스도인에겐 적절치 않다고 주장하는 사람이 있습니다. 그러나 존 오트버그가 지적한 것과 같이 성경의 첫 페이지를 열면 우리 하나님께서도 평가의 작업에 들어가셨음을 우리는 볼 수 있습니다. 창세기 1장은 주 하나님의 창조 과정을 이렇게 묘사합니다. 먼저 그분은 무언가를 만드십니다. 그리고는 뒤로 물러서서 잠시 그것을 바라보십니다. 잘 알다시피 창세기 1장에서 하나님의 창조하신 모든 것에 대한 제법 긴 설명 후에 반복되는 주된 문구는 다음과 같습니다. "하나님 보시기에 좋았더라!And God saw that it was good." 삼라만상을 만드는 창조의 과정 가운데서 우리의 위대하신 창조주 하나님은 시간을 내어 당신의 만드신 작품을 평가하시고 경축하신 뒤 다음 단계로 옮겨가셨습니다.

이 과정은 하나님의 형상대로 만들어진 우리에게 아주 훌륭한 모델을 제공합니다. 물론 우리가 만들거나 행하는 모든 것은 전지전능하신 하나님의 경우와는 달리 보기에 다 좋지만은 않겠지요. 그러나 그렇더라도, 아니 어쩌면 그렇기 때문에 더욱, 우리는 그것들을 되돌아보고 평가할 시간을 가져야 합니다. 개인적으로 또 공동체적으로 우리의 삶을 발전시키고 올해보다 더 좋은 내년을 보내기 위해서 우리는 자신의 삶을 돌아보며 평가할 필요가 있다고 생각합니다. 가정과 교회와 사회에서 어떻게 살았는지, 어떤 면에서 발전(또는 퇴보)했는지, 어떤 새로운 경험을 했고 어떤 습관(긍정적이든 부정적이든)을 개발했는지, 이번 달에 몇 권의 책을 읽었으며 그것이 내게 미친 영향은 무엇인지, 예배와 기도 생활은 어땠는지, 몇 명의 사람에게 복음을 나누고 하나님의 사랑을 소개했는지, 올 한 해 일어난 일들 가운데 최고의 일은 무엇이었으며 최악의 일은 무엇이었는지, 왜 그런 일이 일어났는지 등을 꼼꼼하고도 정직하게 살펴보아야 합니다. 그뿐만 아니라 더 나은 사람이 되기 위해, 더 크고 선한 영향을 미치기 위해, 그리고 더 바람직한 미래의 삶을 살기 위해 무엇이 필요할지를 숙고해야 합니다. 가족, 교우, 또는 신뢰할만한 사람에게 이에 대한 평가를 부탁하거나 평가의 과정에 참여시키는 것도 좋은 방법입니다.

물론 자신을 평가대상에 올려놓는 것은 쉬운 일이 아닙니다. 저는 신학생 시절, 인턴으로 목회실습을 하면서 성도들의 평가서를 받았던 때가 있었는데 떨리는 손으로 그 봉투를 열었던 것을 기억합니다. 그것을 한장 한장 읽어가는 것이 얼마나 힘들었는지 모릅니다. 남에겐 엄격하고 자신에게는 관대한 것이 일반적인 사람의 습성인지라 냉철한 자기 평가는 더욱 어렵습니다. 그러나 그럼에도 불구하고 우리는 더 나은 자신과 더 밝은 미래를 위해 자신의 삶을 제대로 평가해야 합니다.

그리고 유념해야 할 것 또 하나, 이런 평가가 제대로 된 효력을 발휘하기 위해서 평가에 대해 방어적으로 반응하는 것은 금물이라는 사실입니다. 저도 책망이나 솔직한 평가에 마음 빗장을 꽉 닫고 대응하는 경우가 있는데 그 깊은 뿌리를 살펴보면 종종 거절에 대한 두려움이나 불안이 도사리고 있음을 발견합니다. 사실 마음을 닫고 변명으로 일관하거나 자기 정당화를 꾀해서는 평가를 했다 하더라도 별 유익이 없습니다. 우리는 다른 사람으로부터건, 자기 평가를 통해서건 훈계를 받을 줄 알아야 합니다. 리더도 예외가 아닙니다. 잠언말씀은 "훈계를 싫어하는 사람은 자기 생명을 가볍게 여기는 사람이지만 책망을 잘 듣는 사람은 지식을 얻는 사람"(15:32)이라고 말씀합니다. 또 다른 잠언은 "훈계받기를 좋아하는 사람은 지식을 사랑하지만 책망받기를 싫어하는 사람은 짐승같이 우둔하다."(12:1)고 일갈하기도 합니다. 두 구절 다 평가의 중요성과 평가에 대한 우리의 겸손한 반응을 강조합니다.

저 자신의 삶을 통해서도 알 수 있지만 우리는 세월이 간다고 저절로 더 좋아지지 않습니다. 인생의 경험이 중요하지만 경험만 한다고 더 나은 사람이 되는 것도 아닙니다. 달라스 신학대학원의 하워드 헨드릭스Howard Hendricks 교수는 "경험이 우리를 향상시키지 않는다. 오직 평가된 경험만이 우리를 향상시킨다."라는 지혜로운 말을 한 바 있습니다. 그러므로 평가하십시오. 한해가 다 가기 전, 아직도 새해를 준비할 약간의 시간이 남아있는 이 고마운 세밑에 자신에게 질문하기 바랍니다. "올 한해 나는 어땠는가? 왜 그랬는가? 그러면 앞으로 어떻게 해야 하는가?"

2010. 12. 24.

당신의 이야기를
들려주세요

    이번 학기에 맡은 과목 가운데 "영성 소그룹"이라는 이름의 수업이 있었습니다. 이 수업은 학문적인 공부를 하는 수업이 아닙니다. 제가 섬기는 학교는 신학대학원이기 때문에 학교의 특성상 지성만 배양하는 것이 아니라 학생들의 영성함양에도 신경을 많이 씁니다. 이 과목은 바로 그런 목적을 위해 제공되는 수업입니다.

    저는 이번에 열 명의 학생들과 함께 이 수업을 했습니다. 이 수업은 매시간 한 학생이 소그룹 모임을 인도하고 나머지 학생들이 돌아가면서 정해진 주제에 대해 서로의 생각을 나누는 방식으로 진행되었습니다. 교수로서 저의 역할은 나눔이 끝난 후 해당 주제에 대한 저의 생각과 짤막한 총평을 하는 것이 다였지만 그럼에도 불구하고 저는 이 시간이 너무 좋았습니다. 긴 시간은 아니었지만 학생들의 이야기를 들으면서 그들의 상황과 생각을 알 수 있었고 그럼으로써 그들과 조금 더 가까워질 수 있게 되었기 때문입니다. 사실 그냥 가르치는 수업만 한다면 일 년 내내 정기적으로 얼굴을 보더라도 그들이 어떤 사람인지, 어떤 상황에 처해있는지, 무슨 생각을 하는지 모를 가능성이 큽니다. 왜냐하면 주로 저만 말을 하지 학생들의 이야기를 듣는 일은 거의 없기 때문입니다.

관계는 누군가의 이야기를 주의 깊게 들어야 가능합니다. 상대의 삶과 마음에서 나온 이야기를 경청함이 없이 의미 있는 관계를 맺을 수는 없습니다. 그리고 그런 관계가 없이 선한 영향력도 없을 것임은 너무도 자명합니다. 어떤 사람의 이야기는 그 사람을 드러내는 일종의 계시啓示입니다. 우리는 그의 이야기를 통해 그가 어떤 사람이고 어떻게 살고 있으며 어떤 생각을 하고 있는지를 알 수 있습니다. 그가 평소 왜 그렇게 말하고 행동하는지에 대해서도 더 잘 이해할 수 있습니다.

영성 작가요 존경받는 목회자인 유진 피터슨Eugene Peterson은 교회를 일컬어 경청하는 공동체라고 칭하면서 "교회는 경청함이 없이 존재할 수 없다."고 말한 바 있습니다. 물론 우리는 교회로서, 또한 하나님의 백성으로서 우리에게 말씀하시는 하나님의 말씀에 가장 우선적으로 귀를 기울여야 합니다. 그러나 동시에 우리는 하나님의 말씀뿐 아니라 교회라는 영적 가족 공동체에 속한 서로의 이야기에도 귀를 기울여야 합니다. 그래야 서로를 알게 되고 의미 있는 관계를 맺을 수 있을 것이며 그 맥락 가운데서 영향을 주고받을 수 있기 때문입니다.

물론 누군가의 이야기를 경청하는 것은 언제나 즐겁고 쉬운 일만은 아닙니다. 저를 포함하여 많은 사람은 듣는 것보다 자기 이야기 하는 것을 더 좋아하는 경향이 있습니다. 그러나 사도바울이 빌립보서에서 권면한 것처럼 자기보다 남을 낮게 여기고 자기를 돌아볼뿐더러 다른 사람들의 일을 돌아보기 원한다면 우리는 말하기를 잠시 중단하고 다른 사람의 이야기를 들어주어야 합니다. 사실 오늘날 많은 사람은 자신의 이야기를 귀 기울여 들어줄 사람을 찾고 있습니다. 미국 샌프란시스코의 어느 커피숍에서는 돈을 받고 이야기를 들어주는 직원까지 있다고 들었습니다.

누군가가 이야기를 꺼낼 때 심드렁한 표정으로 흘려듣기보다 그의 눈을 바라보며 그 이야기를 경청하지 않겠습니까? 그가 고마워할 것입니다. 자기 이야기를 공감하며 들어주는 당신을 그가 신뢰할 것이며 당신을 향해 마음을 열 것입니다. 당신은 그의 친구가 될 수 있을 것이며 그에게 선한 영향력을 끼칠수 있을 것입니다. 이는 교인들뿐 아니라 비 그리스도인에게도 마찬가지입니다.

이야기를 듣는 교회와 그리스도인이 됩시다. 그럼으로써 서로의 사정을 알고 서로를 이해하며 더 가까운 관계를 맺어나가는 공동체가 되기를 바랍니다. 그럼으로써 누군가의 아픔과 상처를 헤아리고 공감해 줄 뿐 아니라 상한 마음을 치유해주는 공동체가 되었으면 정말 좋겠습니다. 야고보 사도는 야고보서 1장 19절에서 "누구든지 듣기는 빨리하고 말하기는 더디" 하라고 권면합니다. 그 권면처럼 말하는 것보다 더 빨리 들으려 하는 우리가 되었으면 좋겠습니다.

오래전에 사무엘은 하나님의 부르시는 음성을 듣고 "말씀하십시오. 주님의 종이 듣겠나이다."라고 대답했습니다. 하나님에게뿐 아니라 이제 서로에게도 그렇게 반응하지 않겠습니까? "당신의 이야기를 들려주세요. 제가 들을게요!" 그 짧은 말에서부터 관계의 싹이 트고 아름다운 교제의 꽃이 피게 될 것입니다. 그리고 그것에서부터 영향력이라는 열매는 자연스레 맺히게 될 것입니다.

2015. 12. 11.

배울 수 있는 사람

저의 모교인 달라스 신학대학원의 하워드 헨드릭스 교수님은 학교의 수많은 교수님 가운데서도 가장 탁월한 스타 교수님이었습니다. 한 학교를 넘어 미국의 기독교계에서 널리 알려진 명사였고 커뮤니케이션의 대가였으며 여러 베스트셀러를 쓴 인기 작가이기도 했습니다. 찰스 스윈돌이나 존 맥스웰 같은 세계적 리더들의 멘토로도 유명했습니다. 학교에서도 이분의 위치를 존중하여 현직 교수로 재직하고 있는 동안에 이분의 이름을 딴 건물을 세웠을 뿐 아니라 총장님보다 먼저 매 학기 채플의 첫 번째 강사로 고정해놓기도 했었습니다.

저는 헨드릭스 교수님의 수업을 두세 과목 정도 들었던 것으로 기억합니다. 그중 한 과목은 다른 교수님과 팀 티칭을 했는데 두 분이 함께 들어와 번갈아 가르치셨습니다. 제가 놀랐던 것은 다른 교수님이 가르쳤을 때 보였던 헨드릭스 교수님의 태도였습니다. 그분은 맨 앞줄에 앉아 열정적으로 수업에 참여했습니다. 사실 함께했던 다른 교수님은 젊은 분이었고 헨드릭스 교수님에게 배웠던 제자였습니다. 그럼에도 불구하고 헨드릭스 교수님은 노트에 메모하면서 지금은 동료 교수가 된 자기 제자의 가르침에 집중하는 모습을 보여주었습니다. 저는 그 모습을 보면서 헨드릭스 교수님이 그토록 위대한 기독교 교육가요 리더가 된 비결을 짐작할 수 있었습니다.

가르침을 받을 수 있는 자세, 즉 기꺼이 배우려 하는 태도 teachable attitude는 우리의 지속적인 성장에 반드시 필요합니다. 그런 태도는 우리를 인생의 승자로 만들고 누군가에게 선한 영향을 끼치는 리더가 되게 할 것입니다. 리더십을 다루는 다른 영역도 그렇겠지만, 영적 리더를 키우는 신학교에서도 목회 인턴십을 하면 과정을 마친 후에 평가를 받는 시간이 있습니다. 그 평가 항목 가운데 "이 사람은 기꺼이 배울 수 있는 사람입니까?"라는 것이 포함되어 있습니다. 이 사실은 그것이 좋은 목회자, 좋은 크리스천 리더가 되는데 필수적인 자질임을 말해줍니다.

저는 신학교 교육과 책을 통해서, 그리고 헨드릭스 교수님 같은 분을 통해서 배우려는 태도를 갖는 것의 중요성을 많이 깨닫게 되었습니다. 고백하건대 아직도 이런 태도가 몸에 밸 정도까지 된 건 아닙니다. 그럴 정도로 겸손하거나 성숙하지도 못합니다. 그러나 성령께서 저를 낮추시고 이런저런 방식으로 깨우쳐주시니 감사할 따름입니다. 예전에는 다소 비판적인 저의 성향과 함께 "정통"을 강조하는 교단의 강조점을 잘못 이해하여 다른 교회나 교단들을 낮추어 보려는 마음이 있었지만 이제는 그렇지 않습니다. 아니 그렇게 하지 않으려고 의도적으로 노력합니다. 부족하기 짝이 없는 목회자로서 저는 어느 교회를 가든, 어떤 목사님을 만나든 배우려 합니다. 사실은 배우지 않을 수 없는 형편이라고 하는 것이 더 맞습니다.

사람들은 가르칠 수 있는 능력을 갖추려고 노력합니다. 그런 위치에 올라가려고 애를 씁니다. 그러나 그러기 위해서는 배울 수 있는 사람이 되어야 합니다. 개인적인 생각으로는 배울 수 있는 능력과 태도를 가지는 것이 더 중요하다고 생각합니다. 사실 배울 수 있기 위해 특별히 노력할 필요는 없습니다. 그냥 마음만 있으면 됩니다. 우리가 배우려 들면 어디서건 누구로부터건 배울 것을 발견할 수 있을 것입니다. 어린아이조차도 우리의 스승이 될 수 있습니다. 실패자도 우리의 반면교사가 될 수 있습니다. 심지어 잠언서에서 지혜자가 깨우쳐준 것처럼 우리는 개미와 같은 작은 곤충들로부터도 배울 수 있습니다.

당신은 어떠신가요? 배울 수 있는 사람인가요? 기꺼이 배울 자세가 되어 있나요? 아니면 '거기서 (또는 그 사람에게서) 배울 게 뭐 있어?'라며 냉소적인 태도를 보이는가요? 새로운 이야기나 자기 생각과 다른 말을 들으면 일단 거부부터 먼저 하고 보나요? 누군가의 가르침에 대해 종종 마음으로 반발하거나 화를 내나요? 권위를 인정하기가 힘이 듭니까?

당신이 배울 자세를 갖고 있지 않다면 그 이유가 무엇인지 생각해보기 바랍니다. 어쩌면 마음에 상처가 있을 수 있습니다. 과거 당신의 교사나 부모님이나 다른 권위자들로부터 받았던 상처가 치유되지 않은 채 있을 수 있습니다. 또는 열등감이나 자격지심 때문일 수도 있습니다. 배우는 것을 열등한 것으로 오해하는 것입니다. 어쩌면 당신은 교만한 사람일지도 모릅니다. 마음이 너무 높아 배울 생각도 없고 배울 것도 없으리라고 예단하는 것입니다.

하나님은 우리가 계속해서 배우고 성장하기를 원하십니다. 그러므로 기꺼이 배우고자 하는 태도를 가집시다. 그것이 지혜입니다. 잠언서를 읽어보십시오. 지혜로운 사람은 가르침을 들을 것이라고 말합니다(잠 1:5). 그러나 어리석은 사람은 배우려 하지 않습니다. 그들은 지혜가 "소리를 높여… 불러도 들으려고 하지 않고… 손을 내밀어도 거들떠보려고도 하지" 않습니다. 그들은 냉소적이며 비웃기를 좋아하며 충고를 무시합니다. 그 결과로 그들의 인생은 재앙 가운데 빠지게 될 것이라고 지혜자는 경고합니다(잠 1:20-33).

당신의 태도를 살펴보십시오. 냉소적이거나 비판적인가요? 충고를 무시하고 가르치기 힘든 사람인가요? 기꺼이 배우고자 하는 마음을 달라고 하나님께 기도하지 않겠습니까? 배우고자 하는, 다시 말해 배울 수 있는 태도를 배양하면 당신은 계속 성장할 수 있습니다. 새로운 것을 깨닫는 기쁨을 누리며 살게 될 것입니다. 나이가 들어도 당신은 늙지 않을 것이며 삶에 대한 열정을 잃지도 않을 것입니다. 그리고 자연스레 선한 영향력을 끼치는 리더가 될 것입니다.

무엇보다도 기꺼이 배우려 하는 태도에 대한 가장 큰 상은 이것입니다. 하나님께서 당신의 열린 태도와 겸손한 마음을 보시고 "더욱 큰 은혜"를 주실 것입니다. 모든 지혜의 근원이신 그분이 "배울 수 있는" 당신을 기뻐하시며 하나님의 영광을 위해 사용하실 것입니다. 꼭 그렇게 하실 것입니다.

2014. 12. 12.

슈퍼전파자

메르스 사태를 보면서 바이러스의 전염시키는 힘에 대해 새삼 깨닫게 됩니다. 중동에 다녀온 한 사람으로 시작된 이 질병은 짧은 시간 안에 186명의 확진 환자로 늘어났으며 총 38명이 사망했습니다. 이들은 모두 다른 사람에게서 감염된 사람들입니다. 이 질병은 또한 세 번째 환자의 아들이었던 40대 남성이 중국으로 출장을 가는 관계로 그곳에서 양성 판결을 받아 국외에까지 확산되었습니다. 확진 판정은 받지 않았지만 이들과 직간접적으로 접촉한 많은 사람도 감염의 가능성이 있기 때문에 격리 중인 것으로 알고 있습니다.

감염환자가 계속 늘어난다는 안타까운 뉴스를 보면서 몇 년 전에 읽었던 『예수를 전염시키는 사람들』이라는 책 제목이 떠올랐습니다. 이 책은 비그리스도인들을 주님께 이끄는 일로 유명한 윌로우크릭 교회의 빌 하이블스와 마크 미텔버그가 쓴 책으로서 복음 전도에 대한 책입니다. 원래 제목은 "Becoming a Contagious Christian" 즉, "전염성이 강한 그리스도인 되기"입니다. 그들은 복음을 잘 전하는 그리스도인에 대해 전염성이 강하다는 은유적 표현을 사용했습니다. 마치 바이러스를 퍼뜨리는 사람들처럼 이런 그리스도인은 만나는 사람들에게 "복음의 기쁜 소식"이라는 바이러스를 퍼뜨린다는 것이죠.

그러고 보니 우리는 모두 나른 누군가에게 무언가를 퍼뜨리며 삽니다. 단지 생물학적인 바이러스뿐 아니라 많은 것들을 퍼뜨립니다. 저는 지난 월, 화요일 이틀간에 걸쳐 우리 교역자들을 비롯하여 몇몇 성도님들과 함께 《컴패션》이라는 어린이 구호 단체에서 개최한 "북한 사역 서밋"에 다녀왔습니다. 거기서 이 사역을 주관하는 서정인 목사님과 여러 강사를 만났는데 그들은 모두 제게 남북한의 영적 회복과 북한 어린이를 온전히 양육하여 세우는 아름다운 꿈을 전염시켰습니다.

당신은 무엇을 퍼뜨리며 살고 있습니까? 안타깝게도 어떤 사람은 메르스 바이러스보다 더 나쁜 것들을 전염시킵니다. 죄와 악한 것을 퍼뜨리고 부정적인 태도를 퍼뜨립니다. 민수기 13장에 나오는 이스라엘의 열 정탐꾼처럼 나쁜 소문과 불신을 퍼뜨립니다. 그들은 도저히 가나안을 이길 수 없다면서 자기들은 마치 메뚜기 같았다고 자기 비하를 합니다. 이들의 악한 영적 바이러스는 삽시간에 온 이스라엘 공동체에 퍼져나갔습니다. 온 이스라엘 회중이 불신의 바이러스에 감염되어 지도자인 모세와 아론을 원망하며 가나안 정복이라는 사명을 포기하려 합니다.

그런가 하면 사도 바울처럼 좋은 것을 전염시키는 사람도 있습니다. 바울은 가는 곳마다, 만나는 사람마다 믿음, 소망, 사랑, 그리고 복음의 열정 같은 것을 전염시켰습니다. 예를 들어, 바울은 데살로니가 교회에 보낸 편지에서 자신이 그들에게 복음을 "말로만 전한 것이 아니라, 능력과 성령과 큰 확신으로 전하였다."고 증언했습니다(살전 1:5). 바울의 이런 열정은 데살로니가 교인들에게 그대로 전염이 되었습니다. 그들은 많은 환난을 당하면서도 바울을 본받아 기쁨으로 주님의 말씀을 전했습니다. 그것은 마케도니아와 아가야뿐 아니라 각처에 퍼져나갔습니다(살전 1:6-8).

하나님은 당신의 자녀인 우리가 좋은 것들을 전염시키며 살기 원하십니다. 축복의 통로가 되기 원하며 선한 영향력을 끼치기 원하십니다. 믿음과 소망과 사랑의 본이 되기를 원하십니다. 자신이 무엇을 퍼뜨리고 있는지 한번 돌아봅시다. 내 가족과 직장 동료와 교우들과 및 만나는 사람들에게 나는 무엇을 전염시키고 있습니까? 나쁜 것인가요? 아니면 좋은 것인가요? 하나님의 사랑받는 자녀답게 기쁨, 긍정적인 태도, 열정, 믿음, 꿈과 같이 좋은 것들을 퍼뜨리고 살면 좋겠습니다. 무엇보다도 사망의 어두운 그림자가 드리워진 이 세상에 빛 되신 예수님과 그분의 부활 생명을 전염시키는 우리가 되었으면 정말 좋겠습니다.

이번 메르스 사태에서 슈퍼 전파자로 일컬어지는 사람들이 있었습니다. 그들은 특별히 많은 사람에게 이 바이러스를 퍼뜨린 사람들입니다. 통계에 의하면 슈퍼 전파자 5명이 전체 감염자의 80%가 넘는 153명을 감염시켰다고 합니다. 특별히 14번 환자로 지칭된 사람은 메르스 사태 동안 삼성병원 응급실에 사흘간 머물면서 무려 총 81명에게 메르스를 감염시켜서 그야말로 초슈퍼 전파자로 등극하기에 부족함이 없었습니다.

메르스 사태와 같은 이번 상황에서 슈퍼 전파자라는 이 타이틀은 결코 명예로운 것이 아닙니다. 그러나 만약 이처럼 악한 바이러스가 아닌 좋은 것들을, 특별히 우리를 살리고 우리의 병든 것들을 치유하며 우리의 인생을 완전히 긍정적인 방향으로 바꿔놓을 수 있는 예수를 전염시키는 일이라면 이 타이틀은 너무도 자랑스러운 것이 아닐 수 없습니다. 저는 그런 일에서 슈퍼 전파자가 되고 싶습니다. 당신도 그럴 것입니다. 그러기 위해서 우리는 먼저 예수님과 자꾸 접촉해서 그 바이러스를 마구 받아야 할 필요가 있습니다. 그러고 보니 지금이 바로 그때이군요. "예수 바이러스 타임"입니다. 이제 이 몸은 그 거룩한 바이러스를 받으러 물러갑니다. 같이 가실까요?

2015. 06. 11.

아직 늦지 않았다

지난주일 저녁에 저희 가족은 제 장인어른의 90세 생신 잔치에 참석했습니다. 저희 삼 남매 부부와 그 자녀들, 자녀의 자녀인 증손주, 그리고 장인어른이 소속된 교회 교역자들 부부와 친한 장로님 한 부부 해서 도합 24명이 모였습니다. 90세라고 하지만 아직 허리가 꼿꼿하시고 별다른 병 없이 활기차고 건강하신 모습이 아주 보기에 좋았습니다. 인간의 생명은 아무도 모르지만 그냥 보기에는 100세까지도 충분히 건강하게 사실 수 있을 것처럼 보였습니다.

예배를 드린 후, 장인어른께서는 당신께서 지금까지 이처럼 건강한 삶을 누릴 수 있었던 몇 가지 이유에 대해 말씀을 하시며 감사를 표하셨습니다. 첫째는 하나님의 은혜라시며 가장 먼저 하나님께 감사하셨습니다. 둘째는 자녀들이라고 하셨습니다. 특별히 속을 썩이는 자녀들이 없어서 스트레스를 받지 않았다는 것이었습니다. 속을 썩이는 일이 왜 없었겠냐만 자녀들에 대한 사랑과 배려로 그런 말씀을 하신 것 같았습니다. 셋째는 60년이 넘도록 맛있는 밥을 지어줌으로써 건강을 챙겨주신 장모님께 공을 돌리셨습니다. 그리고 마지막으로는 교회를 그 이유로 드셨습니다. 교회가 그동안 당신의 재능과 은사를 발휘하여 섬길 기회를 주었기 때문에 건강한 삶을 살 수 있었고 지금도 그렇다며 교회에 감사를 표현하셨습니다. 장인어른은 교회의 장로님으로, 재정위원으로, 그리고 찬양대 지휘자로 오랫동안 섬기셨습니다. 은퇴하신 후에는 교회의 허락을 얻어 실버찬양단을 새롭게 만드시고 그 찬양단의 실질적인 대장 겸 지휘자로 매주 수요일 저녁 예배를 지금까지도 섬기고 계십니다.

장인어른의 말씀은 감동을 불러일으켰고 만약 90세까지 산다면 나도 그렇게 말하고 싶다는 생각이 들 정도로 좋았습니다. 그러나 장인어른께서 그처럼 오랫동안 건강한 삶을 누리고 계신 비결에 대해 제가 하나 덧붙일 것이 있습니다. 그것은 그분이 무언가 새로운 것을 계속 배우거나 시도하신다는 것입니다. 한 예로 그분은 교직에서 은퇴하신 후, 연로하신 연세지만 열심히 컴퓨터를 배우셔서 지금은 저보다 더 컴퓨터를 잘 하시는 것 같습니다. 아이패드도 쓰시고 스마트폰의 여러 기능도 이것저것 시도해보셔서 젊은 사람 못지않게 그 기계를 능숙하게 다루십니다. 사실 저희 장모님도 기계는 잘 못 다루시지만 새로운 시도를 하는 면에서는 장인어른 못지않으신 데 이를테면 50대가 넘어서 수영을 배우시고 70대 후반에는 드럼을 배워 교회에서 연주하시기도 하였습니다.

나이가 들면서 "지금 이 나이에 뭘 하겠어?"라며 움츠리는 모든 분은 저의 장인어른과 장모님으로부터 도전을 받을 필요가 있습니다. 무언가를 배우거나, 새롭게 시작하거나, 또는 어려운 일에 도전하기에 너무 늦은 나이는 없다고 생각합니다. 모세의 영도로 이집트를 나온 갈렙은 가나안에 들어간 후 85세에 여호수아에게 나아가 "이 산지를 내게 주소서"라며 새로운 땅의 정복 프로젝트를 요청했습니다. 사실은 모세도 80세에 이스라엘을 이집트에서 해방시켜내는 위대한 사명을 맡았습니다.

성경 속의 인물만이 그러는 것은 아닙니다. 영국의 침례교 목사인 존 버니언은 세상을 떠나기 10년 전, 자신의 나이 50세에 그것도 감옥에서 처음으로 책을 쓰기 시작했는데 6년에 걸쳐 완성한 그 책은 성경 다음으로 많이 읽혔다는 『천로역정』이라는 걸작이 되었습니다. 그런가하면 미국의 조지 H. 부시 대통령은 90세 생일을 자축하면서 스카이다이빙을 하기도 했습니다. 이런 예를 들자면 지면이 모자랄 것입니다.

너무 늦었다며 한탄만 하지 말고 새로운 것에 도전하십시오. 저는 80세가 된 어떤 분이 60세 은퇴 때 영어를 배울 기회가 있었는데 당시 너무 늦었다며 포기한 것에 대해 후회하는 말을 들은 적이 있습니다. 그때부터 시작했었다면 20년 동안 영어를 공부해 꽤 영어를 잘 하는 사람이 되었을 텐데 그냥 허송세월한 것입니다. 그러고 보니 제가 신학교에 다닐 때, 머리가 허연 만학도들이 가끔 자리에 앉아있었던 것이 기억납니다. 특별히 스탠리 투쎄인Stanley Toussaint이라는 노교수님의 사모님께서 헬라어 수업에 들어와 눈부시게 흰 머릿결을 자랑하며 알파벳부터 배우던 모습이 너무 인상적이었습니다. 그것은 지금까지도 제 기억 속에 또렷이 남아있습니다.

어떠신가요? 새롭게 배우고 싶은 어떤 일이 있습니까? 자신에게 질문해보십시오. '나는 지금 무엇을 배우고 무슨 새로운 일을 시작하며 어떤 힘든 일에 도전할 수 있을까?' 너무 늦었다고 말하지 마십시오. 아직 늦지 않았습니다. 아니, 지금이 가장 좋을 때인지 모릅니다. 시편 92편 14절은 의인을 종려나무와 레바논의 백향목에 비유하면서 이렇게 묘사합니다. "늙어서도 여전히 열매를 맺으며 진액이 넘치고 항상 푸르를 것이다." 이런 인생을 원하지 않으십니까? 저는 그렇게 살고 싶습니다.

주님과 동행하며 그분의 도우심을 구하는 가운데 계속 배우고 새로운 것을 시도하며 어려운 일에 도전하십시오. 그동안 마음은 있었지만 이런저런 이유로 하지 못한 일들을 큰맘 먹고 한번 해 보십시오. 교회에서도 제자훈련을 받거나 영어 성경 1독에 도전하거나 한 번도 안 해본 사역에 뛰어드십시오. 저의 이모님은 80세가 넘으셨지만 교회 소그룹의 순장을 맡아 젊은 사람 못지않게 섬기십니다. 실버 대학에도 다니시고 중보기도도 하며 심방도 하십니다. 나이가 많다는 이유로 뒤로 빼거나 스스로 열

외 시키지 마십시오. 주님을 의지하며 갈렙처럼 도전하십시오. 젊은 마음을 가지고 주님과 함께 새로운 발걸음을 내딛으십시오. 계속 꿈꾸며 믿음과 사랑의 모험을 하십시오. 당신은 나이가 들어도 열매를 맺고 그 싱싱함을 늘 유지할 수 있을 것입니다. 아, 그리고 선한 영향력이라는 보너스까지 받을 수 있을 텐데 그 보너스, 잊지 말고 꼭 챙기시면 좋겠습니다. 그것보다 더 나은 보너스는 어디에도 없으니까요!

2016. 06. 09.

4부

건강한 삶,
어떻게
살꼬?

아프면 그 아픔을
느끼게 하소서!

지난주 내내 저는 얼굴 부분이 아파서 고생했습니다. 처음에는 약간의 두통과 함께 왼쪽 이빨 몇 개가 욱신거리고 아팠습니다. '그러다 말겠지'라고 하면서 무시했는데 점점 그 통증이 너무 심해져서 밤잠을 설쳤습니다. 혹시 풍치가 아닌가 싶어서 치과를 갔는데 이빨과는 상관이 없다고 했습니다. 그래서 옆에 있는 내과에 들렀더니 거기서도 정확히 잘 모르겠다고 하면서 이비인후과에 한번 가보라고 했습니다. 다만 얼굴 내부의 염증일 수 있으니 주사를 놓아주고 약을 주겠다고 해서 약을 처방해 먹었습니다. 그리곤 이비인후과에 들러 제대로 된 진료를 받고 지금은 회복 중입니다.

작은 부분이었지만 아프니까 참 고통스러웠습니다. 집중이 되지 않고 아무것도 제대로 할 수 없었습니다. 며칠간 밤에 잠도 잘 못 잤습니다. 강의도 열정적으로 할 수 없었습니다. 표시는 안

내었지만 빨리 시간이 흘렀으면 좋겠다는 생각을 하면서 간신히 강의했습니다. 겨우내 그렇게 기다렸던 아름다운 봄도 즐길 수 없었습니다. 내 모든 생각은 한시라도 빨리 치유되어 이 고통에서 벗어났으면 좋겠다는 것에 집중되었습니다. 그래서 간절히 기도하고 적극적으로 병원을 찾았던 것입니다.

이번 해프닝을 통해서 아픈 것은 결코 좋은 일이 아니지만 통증을 느끼는 것은 병의 회복을 위해 정말 필요한 일이라는 생각을 했습니다. 통증을 느꼈기 때문에 저는 의사를 찾았고 약을 먹은 것입니다. 만약에 아픈데도 불구하고 통증을 느끼지 못한다면 우리는 그 병을 고치기 위한 아무런 노력도 하지 않을 것입니다. 그러는 가운데 우리의 상태는 점점 악화되겠고 돌이킬 수 없는 결과를 당하게 될지도 모릅니다.

무서운 것은 우리의 영적 상태에 대해 우리가 그렇게 될 수 있다는 사실입니다. 우리의 영적 삶에, 우리의 심령에 어떤 병이 들었는데 우리가 너무 무감각해져서 그 아픔을 느끼지 못할 수 있다는 말입니다. 이사야 선지자가 불순종하는 이스라엘에 대해 말한 것처럼 "사방에서 불타오르나 깨닫지 못하며 몸이 타나 마음에 두지 아니하는" 상태에 처할 수 있다는 것입니다(사 42:25). 그러면 어떻게 될까요? 우리는 그것을 고치려 하지 않을 것이고 그러는 가운데 상태가 점점 악화되어 영혼의 어떤 부분이 죽는 비극을 경험하게 될지도 모를 일입니다.

영혼을 살펴보십시오. 당신의 영혼은 건강합니까? 당신의 영적 생활에는 아픈 곳이 없습니까? 하나님과의 관계에서, 사람과의 관계에서, 교회 공동체 및 사회와의 관계에서 당신은 건강하십니까? 도덕적인 영역에서, 재정적인 영역에서, 가정적인 영역에서 그리스도인으로 제대로 기능하고 있습니까? 혹시 어느 부분이 아픈데 그것을 모르고 있는 것은 아닐까요? 그럴 가능성이 충분히 있다고 생각합니다. 그렇기 때문에 우리에겐 우리의 상태에 민감하며 사랑 안에서 진실을 말해 줄 동료가 필요한 것입니다.

우리는 우리의 영혼을 부지런히 살펴야 합니다. 그리고 작은 이상 신호에도 반응해야 합니다. 그러지 않으면 병이 더 깊어질 수 있습니다. 혹시 작은 고통의 신호가 왔는데, 어떤 불편함이 느껴졌는데 애써 그것을 누르거나 무시해버리지는 않았습니까? 독서나 누군가와의 대화를 통해, 또는 설교를 들으면서 정상이 아님을 어렴풋이 느꼈지만 그냥 떨쳐버리지는 않았습니까? 그러면 점점 더 무감각해질지도 모릅니다. 영적 민감도를 높여달라고 기도하십시오. 영혼의 소리, 양심의 소리에 귀를 기울이십시오. 그리고 조금이라도 통증이 느껴지거든 우리 영혼의 의사이신 주님께 고쳐달라고 간구하시기 바랍니다. 더 악화되어 큰 낭패를 보기 전에 속히 그렇게 하기를 바랍니다. 지난주 통증의 순기능을 경험했기에 저 자신 및 사랑하는 성도들을 위한 기도는 다음과 같습니다. "주여, 아프면 그 아픔을 느끼게 하소서!"

2013. 04. 08.

편두통 이야기

창밖으로 잔뜩 찌푸린 회색빛 하늘이 보입니다. "비 오는 날 과 월요일은 언제나 기분을 처지게 하네Rainy days and Mondays always get me down."라는 카펜터즈의 노래가 떠오르는 그런 날입니다. 날 씨 탓인지 아침부터 머릿속에 신호(?)가 와서 타이레놀 두 정을 삼키고 왔습니다. 이것으로 오늘 편두통은 잠재워졌으면 하는데 바라는 대로 될지 모르겠군요.

몇 년째 편두통을 앓고 있습니다. 처음에는 어쩌다 한 번씩 그랬는데 2-3년 전부터는 일주일에 한두 번꼴로 머리가 깨질 듯 한 고통을 느끼곤 했습니다. 한번 시작되면 진통제를 먹어도 듣 지 않고 그냥 속수무책으로 한 24시간 정도를 앓아야 합니다. 두 통과 더불어 속이 메스껍고 토할 것 같은 느낌에 시달리기도 하 죠. 제가 하는 일은 대부분이 머리를 쓰는 일이라 이 기분 나쁜 친구가 한번 찾아오면 일하는데도 상당한 지장을 받습니다. 생각을 집중하기가 엄청 힘이 드는 거죠. 하나님의 은혜로 그동안 이것 때문에 강의나 설교를 펑크 낸 적은 없었지만 준비하는 과정이 정말 "장난"이 아니었던 여러 경우가 있었습니다.

한참 동안 아니 몇 달 전까지만 해도 저는 저를 정기적으로 괴롭히는 이 친구의 정체를 몰랐었습니다. 보통은 머리가 아프면서 체한 것 같은 느낌도 받기 때문에 소화 기능에 문제가 있나 싶어서 두 번이나 위내시경 검사를 받았습니다. 그때마다 위염 증세가 있다면서 치료를 받았고 한번은 위에 난 작은 혹 때문에 조직검사를 받기도 했습니다. 진단을 받을 때마다 저는 두통 증세가 있음을 말했고 의사 선생님들은 체하거나 소화가 잘 안 되면 머리가 아플 수 있다며 대수롭지 않은 듯 넘어가곤 했습니다. 제가 의사 선생님들의 진단을 의심하게 된 것은 위염 치료를 받고도 두통이 계속되었기 때문이었습니다. 저는 위염 치료가 제대로 되지 않았거나 대장에 문제가 있는 것은 아닐까라고 생각했지만 그럼에도 편두통일 것이라는 생각은 한 번도 해본 적이 없었습니다. 그런 병이 있는 줄도 정확히 몰랐으니까요.

그러던 어느 날 아내가 내과 의사인 오빠와 전화통화를 하다 제 문제가 편두통일 수도 있음을 알게 되었습니다. 소화불량 때문에 두통이 오는 것이 아니라 편두통이 심하면 소화 장애를 유발할 수도 있다는 것이었습니다. 완전히 거꾸로 생각한 것이죠. 그 후 권위 있는 신경과 전문의를 만나 증세를 얘기했더니 그분은 제가 완벽한 편두통 환자임을 확인해주었습니다. 안타깝게도 이 병은 10년 이상 지속될 수 있고 완전히 고칠 수는 없다고 그분은 말했습니다. 아플 때는 그냥 견디든지 도저히 못 견디겠으면 처방을 받아 가격이 제법 비싼 진통제를 먹으면 될 것이라고 했습니다. 그 의사 선생님은 그 외에도 여러 가지 조언을 해주었는데 가장 기억에 남는 말이 "목사님의 문제가 편두통임을 확신하셔야 합니다."라는 것이었습니다. 자신의 질병을 제대로 알라는 뜻이겠지요. 소화불량이라거나 또는 일반적인 두통 때문이라고 잘못 생각하면 처방도 잘못될 수 있으므로 그런 말을 한 것 같았습니다.

제가 이처럼 편두통 문제를 장황하게 이야기한 것은 바로 이 정확하지 못한 진단의 문제를 말하고 싶어서였습니다. '우리 인생의 문제들도 오진誤診할 수 있지 않겠는가?'라는 말씀입니다. 한갓 증상에 불과한 것을 원인인 줄 알고 거기에 매달리는 실수를 우리는 얼마나 자주 범하는지요? 자기의 문제가 정확히 무엇인지도 모른 채 그 문제를 해결하려는 헛된 노력을 우리는 얼마나 잘 합니까? 먼저 내 문제가 무엇인 줄 정확히 알아야 합니다. 그래야 해결책이 있고 치유가 있고 회복이 있을 것입니다.

우리는 예수 믿지 않는 사람들이 그 공허감을 메우기 위해 "술 마시고 노래하고 춤을" 쳐대는 것의 어리석음에 대해 말하곤 합니다. 물론 어떤 사람들은 술 마시고 노래하고 춤을 추는 대신 돈을 벌고 학위를 따고 권력을 추구하지만, 그 본질은 크게 다르지 않습니다. 그들이 오진한 것은 틀림없는 사실입니다. 그들의 공허함과 불행은 쾌락이나 재산이나 권력의 부재不在에서 기인한 것이 아니라 하나님의 부재에서 기인했습니다. 그들의 마음 가운데 있는 구멍은 하나님만이 채울 수 있는 구멍입니다. 그들은 잘못 짚었습니다.

그러나 믿지 않는 사람들만이 오진하는 것은 아닙니다. 하나님을 믿는 사람들도 때때로 자신의 문제에 대해 잘못 짚는 경우가 있습니다. 이스라엘의 초대 왕 사울은 다윗이 골리앗을 죽이고 백성들에게서 점점 인기를 얻어감에 따라 몹시 불안해졌습니다. 그는 자신의 문제는 다윗이라고 생각했습니다. 그러나 그것은 오진이었습니다. 사울의 진정한 문제는 하나님에 대한 불신이요, 그분과의 어긋난 관계였음을 우리는 성경 말씀을 통해 발견할 수 있습니다.

당신의 문제는 무엇입니까? 자신의 문제를 제대로 진단하고 있나요? 당신이 무기력하고 우울한 것은 단순한 심리적 문제가 아니라 해결하지 못한 죄의 문제일 수 있습니다. 불안하고 두려운 것도 정서적 문제가 아니라 성령의 음성을 거부하는데 그 원인이 놓여있을 수 있습니다. 지금 하는 일에 대해 충족감을 느끼지 못하는 것은 그 일에 문제가 있기보다 하나님의 부르심calling에 대한 무지나 혼동이나 거부에서 기인하였을 수 있습니다. 음란물을 포함한 잘못된 성에 탐닉하는 것은 성 자체의 문제보다 친밀감 부재에 더 큰 원인이 있을 수 있습니다. 어떤 인간관계에 자꾸 문제가 생기는 것은 당신과 하나님과의 관계에 문제가 있을 수 있습니다. 사역에 실패하고 있다면 그것은 사역의 기술보다 영성이나 인격의 실패일 수 있습니다.

잘 알다시피 육체적 건강에 대한 오진은 심각한 결과를 가져올 수 있습니다. 심하면 목숨을 잃을 수도 있습니다. 그러나 삶의 문제들에 대한 오진도 이에 만만찮게 아니 그 이상으로 치명적입니다. 우리는 하나님의 말씀이라는 X-레이에 내 삶의 문제들을 노출해야 합니다. 내 문제가 정말 무엇인지 그 말씀으로 조명받아야 합니다. 다윗처럼 "하나님이여 나를 살피사 내 마음을 아시며 나를 시험하사 내 뜻을 아옵소서."라고 겸손히 기도해야 합니다. 그런 가운데 우리 문제를 진단하시는 성령의 음성에 귀를 기울일 필요가 있습니다. 더 나아가 하나님께서 내 주변에 두신 영적 친구들과 리더들에게 나의 증상을 설명하고 그들의 조언을 구하는 것도 큰 유익이 될 것입니다. 진단을 받는다는 것은 때로 두렵고 고통스러운 일이겠지만, 때로 상당한 용기가 요구되기도 하지만 그로 인해 얻게 될 치유와 회복의 유익을 생각하면 충분히 그렇게 할 만한 가치가 있는 일이라고 생각합니다.

이 글을 쓰기 시작할 때 먹었던 타이레놀이 효력을 발휘하는 것 같습니다. 오늘은 제가 신호를 제대로 읽은 것 같군요. 그 신경과 전문의께서 편두통이 시작될 조짐이 조금이라도 감지되면 즉시 타이레놀 2정을 들이켜서 "초전박살"하라고 충고했거든요. 처음의 미세한 신호를 놓치면 타이레놀 따위로는 듣지도 않는데 그것을 감지하는 것도 언제나 쉬운 일은 아닙니다. 자기도 모르게 그 신호를 지나칠 수도 있고 다른 것으로 착각할 수도 있으니까요. 신호를 감지하는 것도 진단이라고 할 수 있을지 모르겠지만 어쨌든 오늘은 올바른 진단의 기쁨을 누릴 수 있을 것 같습니다. 한 주일 가운데 가장 한가로운 월요일 오후, 그동안 사두고도 읽지 못했던 쟌 엘드리지나 켄 가이어의 새로운 책들을 읽으며 가끔 분위기 괜찮은 잿빛 하늘도 쳐다보면서 느긋한 시간을 보낼까 합니다.

2006. 10. 23.

아, 연료가 바닥났다!

신학교 다닐 때 교목이셨던 빌 브라이언Bill Brian 목사님은 늘 친절했고 트럼펫을 잘 부는 멋진 분이었습니다. 채플 예배 때마다 들었던 그 청아한 트럼펫 소리가 지금도 귓가에 맴도는 듯합니다. 브라이언 목사님은 사모님 이야기도 곧잘 하셨는데 한 가지 기억에 남는 것은 그 사모님의 성격이 느긋해서 미리 자동차 연료를 넣지 않고 연료계기판의 화살표가 E 아래로 내려가 경고등이 들어올 때까지 차를 몰고 다닌다는 것이었습니다. 뭐든지 미리 준비해야 직성이 풀리는 목사님으로서는 자동차가 중간에 멈춰서 버릴까 봐 늘 조마조마하여 미리 연료주입을 하라고 자꾸 채근하고 때로는 그것 때문에 다투기도 했다는 것입니다.

연료가 다 떨어져 경고등이 들어오는 차를 몰고 간 적이 있습니까? 그때의 기분이 어떠셨나요? 저는 빌 브라이언 목사님의 사모님과 비슷한 성격이라 그런 적이 여러 번 있습니다. 빌 브라이언 목사님과 같은 과에인 제 아내는 당연히 저의 그런 행태에 대해 아주 질색을 합니다.

실제로 제 친구 하나는 연료가 떨어진 차를 몰다가 길 한 가운데서 멈춰선 적도 있었습니다. 연료계기판이 고장 난 차라 달린 거리를 계산하면서 연료를 넣고 다녔는데 그때는 뭔가 착오를 하여 그만 낭패를 당한 것입니다. 뼛속까지 추운 어느 겨울날 새벽 3시쯤에 인적이 드문 미국 한 소도시의 길에서 차는 그냥 멈춰버렸다고 합니다. 연료가 완전히 바닥나 더는 달릴 수가 없었던 것이죠.

혹시 연료가 고갈된 채 달리고 있다는 느낌이 들고 있습니까? 삶 가운데 경고등이 자꾸 들어옵니까? 이를테면 다음과 같은 것들입니다.

- 잘 참지 못하고 쉽게 화가 난다거나 자주 짜증이 난다.
- 기쁨이 없다. 오히려 우울하고 슬프고 낙심이 된다.
- 불안하거나 두려운 마음이 들곤 한다.
- 해야 할 일이나 사역의 압박감이 너무 커서 늘 짓눌리는 기분이다.
- 의욕이 떨어지고 지친다.
- 그냥 다 내려놓고 쉬었으면 좋겠다는 생각이 종종 든다.
- 너무 바쁘고 언제나 피곤하다.

고든 맥도날드는 자신의 저서 『영적인 열정을 회복하라』

에서 이 주제와 관련하여 자신에게 일어났던 한 에피소드를 털어놓았습니다. 그는 어느 토요일 오전에 혼자 자신의 부엌에 앉아 있었습니다. 그냥 숨고 싶다는 생각이 들었고 그 구석진 부엌에서 일어날 어떤 힘도 의욕도 없었습니다. 자신의 생애에서 가장 바쁘고 정신없는 두 주를 보낸 후였습니다. 뭔가 이상하다는 것을 느낀 그의 부인이 그를 괴롭히는 문제가 무엇이냐고 물었습니다. 두어 번 같은 질문을 받던 중에 갑자기 눈물이 쏟아져 나왔습니다. 그는 무려 두 시간 동안 울음을 멈출 수가 없었다고 합니다. 자신도 놀랄 지경이었죠. 연료가 바닥으로 떨어진 채 달려왔던 것입니다.

만약 이런 증상이 있다면 당신은 연료를 다시 주입해야 합니다. 그렇지 않으면 불시에 멈춰서는 사고를 맞게 될 것입니다. 일단 삶의 속도를 줄이고 잠시 멈춰 서서 주위를 둘러보는 여유를 찾으십시오. 그래서 나무도 보고 하늘도 올려다보며 깔깔거리는 아이들의 얼굴도 한번 주목해보십시오. 음악을 좋아한다면 좋아하는 장르의 음악을 틀어놓고 감상하십시오. 그것이 꼭 종교적인 음악일 필요는 없습니다. 그냥 좋은 음악에 마음을 맡기면 됩니다. 또한 그리스도 안에서 당신에게 영감을 주거나 동기를 부여하거나 유쾌하게 하는 사람을 만나십시오. 고든 맥도날드는 이런 사람들을 VIP라고 불렀는데 그것은 Very Inspiring People(매우 영감을 주는 사람)의 머리글자를 딴 용어입니다. 살아가는 동안 우리는 우리에게 무언가를 요구하거나 내 삶의 연료탱크를 고갈시키는 사람들을 안 만날 수 없고 또 만나야 하지만 그들만 접한다면 연료는 쉬 바닥나게 될 것입니다. 분위기 좋은 식당에서 사랑하는 가족과 멋진 식사를 하며 즐겁게 지내는 것도 충전을 위한 훌륭한 선택입니다.

그리고 더 중요한 것은 하나님께 나아가는 일입니다. 하나님은 최고의 영감을 주는 존재입니다. 예배에 나가십시오. 때때로 꺼려지더라도 그 초기의 거부감을 극복하고 예배에 반드시 참여하십시오. 예배는 하나님과의 만남을 경험할 수 있는 가장 좋은 기회입니다. 마음을 열고 하나님의 힐링 터치를 기대하시기 바랍니다. 그리고 무엇보다도 조용한 시간과 안전한 장소를 정해 말씀과 기도로 하나님과 개인적이고 정기적인 교제의 시간을 가져야 합니다. 그것만큼 내 안의 연료탱크를 든든히 채우는 것은 없습니다.

저는 정기적으로 글을 쓰고 말씀을 가르치는 사람입니다. (다시 말해 좋든 싫든 내 안에서 무언가를 계속 끄집어내어야만 하는 팔자입니다.) 가끔 노트북을 켜놓고 뭘 쓰려고 하면 아무것도 쓸 말이 생각나지 않을 때가 있습니다. 연료가 고갈된 것입니다. 그러면 저는 글쓰기를 포기하고 연료를 충전하는 작업을 합니다. 책을 읽거나 한참 동안 창밖을 바라보거나 일어나서 걷거나 묵상을 합니다. 아니면 밖으로 나가서 바뀐 분위기를 즐기며 커피를 사서 마십니다. 그리고 나면 또 글을 쓰거나 설교원고를 작성할 수 있습니다.

좋은 글을 쓰는 것도, 자동차로 잘 달리는 것도, 신앙생활을 잘 하는 것도, 건강하게 사역하고 생활하는 것도 다 연료의 주입이 필요합니다. 연료가 바닥난 채 계속 달릴 수는 없는 법이니까요. 연료가 떨어진 것 같습니까? 그러면 잠시 멈추고 연료를 넣어야 합니다. 지금 그렇게 하실까요? 좋습니다. 그렇게 잠시 멈추어 연료를 넣으시면 됩니다.

2016. 01. 29.

한쪽만 익은 빵

　해병대 출신의 친구에게서 들었던 이야기가 생각납니다. 그가 훈련병이었을 때 훈련소에서 모처럼 목욕할 시간을 주어서 다른 훈련병들과 함께 그곳의 샤워장에 들어갔다고 합니다. 이리 밀리고 저리 밀리면서 용케 샤워기 하나를 집어서 거기 있는 수도꼭지를 힘껏 틀었습니다. 때는 겨울이라 벗은 몸에 온통 소름이 돋아 있는데 얼음처럼 차가운 물이 위에서 쏟아지더라는 것입니다. 기겁하며 뒤로 물러서서 물이 데워지기를 기다렸습니다. 물이 적당한 온도가 된 것 같아 샤워를 시작했는데 1분도 안 되어 그 물은 살을 익힐 만큼 뜨거운 물로 바뀌고 말았습니다. 더 나쁜 것은 그 샤워기에 물의 온도를 조절할 수 있는 장치가 없었다는 것입니다.

　미소를 머금고 그 친구의 이야기를 회상하면서 훈련소 샤워장에서 나온 그 물이 저와 비슷하다는 생각을 했습니다. 좀처럼

"중용의 도"를 취하지 못하고 극단으로 치닫기를 잘하는 면에서 말입니다. 그리 길지 않은 삶을 살았지만 지금까지 걸어온 삶의 여정을 돌아보면 자주 좌나 우로 치우친 사실을 발견하게 됩니다. 어떤 때는 록 음악이 젊음과 자유의 대명사라도 되는 양 거창한 가치를 부여해 이를 선전해대다가 어떤 때는 제대로 알지도 못하는 클래식 음악이 좋다며 열심히 음반을 사 모으기도 했습니다. 한때는 무조건 반정부와 민주화를 찬양하다가 시간이 지나서는 세상 정치에 관여하지 않는 것이 영적인 줄 알고 데모하는 학생들을 비난하기도 했습니다. 처음 예수 믿은 후에는 구원이 기독교 신앙의 모든 것인 양 입에 거품을 물다가 뭘 좀 알고 난 후에는 복음의 메시지 전하기를 소홀히 하기도 했습니다.

생각이나 취향에 변화가 있었다는 것이 반드시 잘못이라는 의미는 아닙니다. 누구든 시간이 흐르면서 생각이나 기호 또는 가치의 변화를 경험할 수 있습니다. 문제는 그것이 너무 양극단으로 치우친다는 데 있습니다. 달라스 신학대학원에서 제게 많은 영향을 주셨던 하워드 헨드릭스 교수님이 하셨던 다음의 언급은 그래서 더욱 예리한 날카로움으로 제 속을 파고듭니다: "극소수의 사람들만이 그들의 삶에서 균형을 유지한다. 대부분의 사람은 한 극단에서 다른 극단으로 옮겨가며 살아간다."

앞에서 언급한 "중용의 도"라는 문구가 암시하듯이, 또 교수님의 관찰이 나타내듯이 균형 잡힌 삶은 아무나 이루어낼 수 있는 것이 아닙니다. 참으로 성숙한 사람들만이 자신들의 삶에서 균형을 취할 수 있을 것입니다. 그들은 삶의 다양한 경험과 축적된 지혜로 자신의 중심을 유지하고 이리저리 부는 시류와 사조와 유행의 바람에 함부로 흔들리지 않습니다. 그들은 또한 사물 전체를 볼 수 있는 시각을 가지고 있기 때문에 한쪽에 눈이 멀어 다른 쪽을 보지 못하는 실수를 그리 잘 범하지도 않습니다.

물론 이것은 개인만이 아니라 집단에도 해당되는 말입니다. 요즘 우리나라의 상황을 보면 걱정스러운 것이 한둘이 아닙니다. 그중에서도 특별히 타협할 줄 모르고 중심을 잡지 못하는 정치인들과 정당들, 그리고 각종 시민단체의 행태는 우려스럽기 그지없습니다. 좌는 좌대로, 우는 우대로 너무 극단에 치우쳐 피차 대화가 거의 불가능한 상태입니다. 사고思考가 한쪽으로 완전히 경도되어 있어 분별력을 상실하고 선악의 구분을 못 할 뿐 아니라 내 편이냐 아니냐만 중요하지 원칙이나 기준 따윈 휴짓조각만큼의 가치도 없습니다. "대한민국호"라는 한 배를 타고 있으면서도 서로를 원수요, 타도해야 할 대상으로 여기고 죽기 살기의 싸움을 벌입니다. 이런 식의 극단적 행태는 그와 반대되는 다른 극단을 낳고 한쪽으로의 쏠림은 다른 쪽으로의 쏠림을 유발해 나라가 극한 대립과 투쟁과 갈등으로 몸살을 앓지 않을 수 없습니다. 어느 사회이든 진보와 보수가 있고 서로 다른 견해와 이해관계, 가치관을 가진 집단들이 있지만 건강하고 성숙한 사회라면 이 집단들이 각각 서로의 존재를 인정하며 피차 긴장된 균형을 이루며 또 조화로운 공존을 위해 나름대로 중용의 도를 추구할 텐데 우리나라는 지금 전혀 그런 모습을 보이지 못한 채 불안한 요동을 계속하고 있습니다.

우리나라가 선진국이 되려면 무엇보다도 사회 전반적으로 균형이 잡혀야겠다는 생각을 합니다. 사실 우리 한국은 지금까지 균형 잃은 한쪽으로 만의 성장을 계속해왔습니다. 먹고사는 문제를 해결하기 위해 급속한 경제적 발전만을 강조한 나머지 국민의 정신적 도덕적 성장을 옆으로 밀쳐놓았었습니다. 물질적인 생활수준은 예전과 비교할 수 없이 높아지고 돈도 많아졌지만 그에 걸맞은 정신이나 문화, 또 윤리적 인프라는 미처 개발하지 못했던 것입니다. 해외여행을 하면서 나라 망신을 국제적으로 시키는 졸부의 행각이나 임금착취, 부실공사, 장부 조작 등으로 착복하는 기업인들이 바로 이러한 반쪽 성장의 산물이 아니겠습니까? 최근 급속히 붕괴되는 가정이나 음란 퇴폐 시장의 확대, 부끄러움을 모르는 물질주의적 삶의 방식 등도 따지고 보면 바로 이 불균형적 성장의 쓴 열매라고 말할 수 있을 것입니다.

균형은 중요합니다. 국가뿐 아니라 교회, 또 개인 그 모두에게 균형감각은 필수적입니다. 신체적 균형을 잃으면 몸의 건강에 문제가 생기는 것처럼 삶의 균형을 잃게 되면 건강하고 복된 삶은 어려워집니다. 릭 워렌Rick Warren 목사는 리더십 향상을 위해 자기의 특강을 듣는 수많은 기독교 지도자들에게 팔복의 표현을 빌려 이렇게 말했습니다. "균형을 유지하는 자는 복이 있나니 저희가 오래 사역할 것이요."

그러나 앞에서도 잠깐 언급했지만 균형을 이루기는 결코 쉽지 않습니다. 한 나라의 정치적인 삶이나 목회자의 사역에서만 아니라 개인의 삶에도 이것은 어려운 과제입니다. 우리 삶의 흔한 불균형의 예를 생각나는 대로 몇 가지 들어보겠습니다.

· **일과 여가의 균형**: 어떤 사람은 일 중독이라는 말이 어울릴 만큼 일만 하는가 하면 어떤 사람은 파티 애니멀party animal이라고 불릴 정도로 노는 데에만 신경을 씁니다.

. **이성과 감성의 균형**: 좌측 두뇌, 우측 두뇌라는 말을 들어본 적이 있습니까? 어떤 사람은 지나치게 차갑고 논리적이어서 전혀 인간미를 느낄 수 없는가 하면 어떤 사람은 눈먼 감정의 노예가 되어 모든 것을 충동과 기분으로 합니다.

. **아름다움과 참됨의 균형**: 아름다움을 위해 정직과 진실 그리고 도덕은 좀 제쳐두어도 괜찮다는 사람이 있고 아름다움에의 추구를 불필요한 사치나 정신적 허영쯤으로 폄하하는 사람도 있습니다.

. **가정과 교회의 균형**: 가정은 팽개친 채 교회에서 거의 모든 시간을 보내며 교회만 돌보는 교회 직분자가 있는가 하면 교회를 가정생활의 우아한 액세서리 정도로 여기는 사람도 있습니다.

. **꿈과 현실의 균형**: 어떤 사람은 허황된 꿈에 사로잡혀 마치 구름을 잡는 듯 살아가지만 어떤 사람은 현실에 급급해 꿈을 잃어버린 메마른 삶을 삽니다.

목록은 계속 늘어날 수 있을 것입니다. 그만큼 삶의 균형을 요구하는 영역이 많음을 우리는 압니다. 그리스도인의 경우 비신자보다 그 항목은 더욱 많고 다양할 것입니다. 왜냐하면 개인의 일상적 삶뿐 아니라 믿는 자의 영적 삶에도 불균형의 위험은 언제나 도사리고 있기 때문입니다. 구약시대 이스라엘의 선지자였던 호세아는 이스라엘을 뒤집지 않고 구워서 한쪽만 익은 빵에 비유했습니다(호세아 7:8). 한쪽은 너무 구워져서 먹을 수 없을 정도로 새까맣게 타버렸는데 다른 한쪽은 밀가루 반죽의 물기가 그냥 있는 빵, 만든 사람을 부끄럽고 당황하게 할 뿐 아무 쓸모가 없는 빵. 호세아의 눈에 비친 이스라엘의 모습은 그런 것이었습니다. 균형이 결여된 그들의 영성과 부분적 성화를 그는 이 그림언어를 가지고 묘사한 것입니다.

많은 교회나 그리스도인들이 이처럼 어떤 면에서는 지나치게 개발되었고 다른 면에서는 턱없이 부족합니다. 어떤 교회나 신자는 교리적인 정통을 강하게 주장하지만 사랑이 현저히 결여되어 있습니다. 성경에 대한 지식은 누구 못지않지만 이단 냄새를 맡으면 코가 씰룩거리고 근육이 부풀고 주먹에 힘이 들어가며 눈에 전투의 빛이 번쩍입니다. 어떤 교회는 성령의 초자연적 체험을 강조하지만 성경 말씀을 진지하게 공부하는 데는 관심이 덜합니다. 전도와 선교에는 누구보다 열심이지만 가난한 사람을 돕고 사회의 정의를 추구하는 일에는 고개를 돌리는 교회나 그리스도인도 있습니다. 내세에 대한 소망을 지나치게 강조하여 책임감 있는 현실 생활을 기피하게도 하며 전통을 고수하느라 창의성과 문화적 관련성이 무시되어 신앙의 생명력을 잃어버리는 교회도 적지 않습니다. 이 모든 경우에는 물론 그 반대의 극단도 존재합니다. 편식하는 것이 건강에 유해하듯이 균형을 잃은 삶은 건강하지 못할 뿐 아니라 위험하기까지 하다는 사실을 우리는 알아야 합니다. 그것은 하나님께 대한 우리의 효용성을 현저히 감소시키고 세상의 눈에 보이는 우리의 매력을 상실케 합니다.

그러므로 우리는 무엇보다도 균형 잡힌 사람이 되도록 노력을 기울여야 합니다. 그러기 위해서 우리는 내 안에 있는 편견을 발견하고 그것에 지배받지 않도록 특별히 주의를 기울여야 할 것입니다. 그리고 가능한 한 다양한 직간접적 경험을 하며 전체적이고 종합적인 시각으로 인생을 보도록 노력하는 것이 균형을 잡는 한 가지 방법이 될 수 있을 것입니다. 나와는 관심사나 견해가 다른 사람들의 의견에 귀를 기울이며 배울 점을 찾아보는 것도 균형을 이루는 중요한 요인이 될 수 있습니다. 이 시대의 가치와 철학에 무조건 동조, 동화하려 할 것이 아니라 한 발짝 뒤로 물러나 바라보는 여유도 필요할 것이며 시대나 문화적 배경이 다른 사람들의 글이나 전기, 또는 역사를 읽는 것도 상당한 도움을 가져다줄 것입니다.

그러나 무엇보다도 우리는 이 세상을 산 사람들 가운데 가장 균형 잡힌 삶을 사셨던 예수 그리스도에게서 배울 필요가 있습니다. 그냥 읽다 보면 지나치기 쉬운 요한복음 1:14의 짧은 구절에서 우리는 예수님의 그 놀라운 균형을 발견할 수 있습니다. 거기서 요한은 예수님을 은혜와 진리가 충만하신 분으로 묘사했습니다. 은혜와 진리, 그것만큼 균형을 유지하기 힘든 영역이 어디 있습니까? 은혜라는 이름 아래 진리를 타협하며 교리적 부패를 허용하고 죄를 가볍게 여기기가 얼마나 쉽습니까? 반면 진리라는 이름 아래 불필요한 이단 사냥을 하며 동료를 판단하고 정죄하며 주안의 형제에게 영적 폭행을 자행하여 그를 파괴하기 또한 얼마나 쉬운가요? 그처럼 조화하기 어려운 둘 사이에서 어느 한쪽으로 치우치지 않고 은혜와 진리의 완전한 균형을 충만히 유지하신 분이 바로 우리가 주±라고 부르며 그 뒤를 따르기 원하는 예수 그리스도이십니다. 호세아의 표현을 빌리면 그분만이 양쪽 면 다 완전히 익은 빵입니다. 그분과 함께 시간을 보내며 그분의 음성을 들으며 그분의 지혜를 배울 때 우리 또한 양쪽이 다 보기 좋게 익은 그분의 균형을 소유하게 될 것입니다.

2008. 08. 28.

건강한 삶, 어떻게 살꼬? **147**

나이 잘 먹는 법
배우기

어제저녁 오랜만에 어릴 적 친구와 전화통화를 했습니다. 한참 이런저런 이야기를 나누는 가운데 그 친구가 한 다음의 말이 묘한 여운으로 남아있습니다. "얼굴을 안 보고 목소리로만 대화해서 그런지 너도 이제 나이가 들었다는 느낌이 드네. 네게선 언제나 젊고 신선한 기운이 느껴졌었는데…" 제 반응이 시원치 않자 친구는 나쁜 뜻으로 말한 것이 아니라고 서둘러 토를 달았지만 그래도 칭찬처럼 생각되지는 않았습니다.

별로 해놓은 일도 없이, 제대로 영글지도 못한 채 나이를 먹어간다는 것은 두려운 일입니다. 이러다가 그냥 날개 한번 제대로 못 펴보고 별 볼 일 없는 인생으로 마감하지는 않을까 걱정이 됩니다. 꼭 어떤 성취나 대단한 성공을 염두에 두고 하는 말은 아닙니다. 나이에 걸맞은 인품이나 지혜, 여유로운 마음이나 더 깊어진 영성 등에 대해 생각해봐도 마찬가지입니다. 1년 전 아니 5년

전과 비교해서도 별로 나아진바 없는 내 모습이 더욱 저를 불안하게 합니다.

나이를 먹는다는 것은 사실 해가 가면 누구나 경험하는 일입니다. 그러나 나이를 잘 먹는 것은 누구나의 일은 아닙니다. 국보 1호인 숭례문을 홀랑 태워 잿더미로 만든 방화범이 69세의 노인으로 밝혀졌을 때 '어떻게 저 나이의 사람이?'라는 반응을 한 것은 저 혼자만이 아니었을 것입니다.

그러나 젊을 때 괜찮았던 사람이 오히려 나이가 들면서 타락하고 노욕老慾으로 인생을 망치는 경우는 보기 드문 일이 아닙니다. 자칫 잘못하면 나이가 들수록 편견과 고정관념이 많아지고 완고하며 까다로운 사람으로 퇴화할 수 있습니다. 실제로 부패한 중세 가톨릭교회의 거대한 권력에 맞서 종교개혁의 영웅적 과업을 이룬 루터는 그 인생의 후기에 이르러 "성급하고 까다로운 노인이 되었고 편협하고 화를 잘 내었으며 때에 따라서는 천박하였다."고 그의 전기 작가 롤란드 배인턴Roland Bainton이 증언할 정도로 나이를 제대로 먹지 못했습니다. 하나님 나라와 교회를 위해 누구도 감히 필적할 수 없는 엄청난 삶을 산 것은 분명하지만 너무 많은 일과 싸움들, 그리고 끊임없는 대적의 공격 등이 매년 나이를 먹어가는 그에게서 육체적인 것은 물론이거니와 정서적이며 영적인 건강성까지도 앗아갔던 것입니다.

이제 구정도 지났습니다. 양력으로 하든지 음력으로 하든지 익숙했던 지난해는 우리를 떠나가 버렸고 새로운 얼굴의 한해가 우리 앞에 서 있습니다. 일주일 전 만 하더라도 아직 설이 안 지나서 나이를 먹은 것이 아니라고 자신을 위로하던 사람들은 이제 변명거리조차 없어졌습니다. 우리는 속절없이 또 하나의 나이테를 우리 삶에 더하게 된 것입니다.

우리가 해야 할 일은 '나이 잘 먹기'의 기술을 배우는 것입니다. 나도 모르게 내 안에 뿌리내린 편견과 고정관념을 뽑아내고 쥐꼬리만 한 기득권에 기대려고 하는 욕심을 버리며 자꾸만 익숙한 것에 머물고 싶은 안정희구의 심리와 싸워야 합니다. 과감히 새로운 것을 시도하고, 아는 체하기보다 끊임없이 배우며 성장과 성숙을 추구해야 합니다.

이미 몇 년째 이맘때가 되면 노래를 불러댔던 말이라 또 입에 올리기가 머쓱하긴 하지만 이제는 진정 새로운 각오로 "인생의 후반전"을 멋있게 뛰어야 합니다. 가끔 TV를 통해 유명 인사들의 옛 모습을 보기도 하는데 나이 든 지금이 젊은 시절보다 훨씬 보기 좋은 사람들의 경우도 드물지 않음을 보게 됩니다. 외모뿐 아니라 저의 존재 전체가 그렇게 좋아졌으면 좋겠습니다. 그래서 30년간의 무명시절과 이혼의 아픔을 딛고 58세에 오스카상을 받은 미국의 연기파 흑인 배우 모건 프리먼Morgan Freeman처럼, 불교 집안에서 자라나 MBC 앵커로 화려한 삶을 살다가 뒤늦게 예수를 믿고 60세가 넘은 나이에 교회를 개척하여 건강한 교회의 꿈을 꾸는 조정민 목사처럼 아름다운 후반전을 뛰고 싶습니다.

글을 맺으며 문정희 시인의 《나무학교》라는 시 한 편을 소개합니다. 나이 먹는 것이 마냥 즐겁지만은 않지만 그래도 '나이 잘 먹기'의 야망(?)을 벼르는 이들에게 이 시는 한 모금의 샘물과 같이 청정한 기쁨을 선사할 것입니다. 이 지혜로운 시에서 시인은 "해마다 어김없이 늘어가는 나이"이지만 그것을 "나무처럼 속에다 새기기로" 마음먹고 공연히 "나이를 겉으로 내색하지 않고도 어른"이 되는 법을 배우며 "무엇보다 내년에 더욱 울창해지기로" 결심합니다. 이 시를 읽으며 건강하고 성숙하며 더욱 울창한 한해를 계획하기 바랍니다. 무엇보다 아름다운 후반전, 감동적인 2막을 준비하는 동료 중년들이 '나이 잘 먹기'에 대한 영감을 얻었으면 합니다.

나이에 관한 한 나무에게 배우기로 했다

해마다 어김없이 늘어가는 나이

너무 쉬운 더하기는 그만두고

나무처럼 속에다 새기기로 했다

늘 푸른 나무 사이를 걷다가

문득 가지 하나가 어깨를 건드릴 때

가을이 슬쩍 노란 손을 얹어놓을 때

사랑한다!는 그의 목소리가 심장에 꽂힐 때

오래된 사원 뒤뜰에서 웃어요!하며

숲을 배경으로 순간을 새기고 있을 때

나무는 나이를 겉으로 내색하지 않고도 어른이며

아직 어려도 그대로 푸르른 희망

나이에 관한 한 나무에게 배우기로 했다

그냥 속에다 새기기로 했다

무엇보다 내년에 더욱 울창해지기로 했다

2008. 02. 13.

뭔가는 가야 합니다

몇 년 전에 미국의 토마스로드 침례교회에서 예배를 드린 적이 있습니다. 그 교회는 리버티 대학의 설립자이신 고 제리 폴웰 Jerry Falwell 목사님이 개척해서 오랫동안 목회했던 교회입니다. 대형교회일 뿐 아니라 제리 폴웰 목사님이 가지고 있는 정치적인 무게 때문에 미국에서는 상당히 유명한 교회입니다. 그 교회의 주일설교는 《Old Time Gospel Hour》라는 TV 프로그램을 통해 미국 전역에 방송이 됩니다. 예배를 드렸던 그 날 저는 TV 카메라 근처에 앉아있었는데 우연히 카메라 바로 뒤편 벽에 걸린 시계의 숫자가 거꾸로 움직이는 것을 보았습니다. 이를테면 설교가 시작할 때 30:00으로 시작했던 시계가 시간이 갈수록 0으로 움직인다는 식입니다. 놀랍게도 설교는 00:00에 정확히 끝이 났습니다. 전국에 나가는 방송 설교를 위해 설교시간을 철저히 통제한 것입니다.

극동방송을 통해 5분 설교를 하면서 그때 토마스로드 교회에서 봤던 모습이 떠올랐습니다. 30분과 5분의 시간적 차이는 있지만 제한된 시간 안에 설교를 마쳐야 한다는 공통점이 있기 때문에 그때 경험이 다시 생각난 것입니다. 아마 당시 설교를 했던 제리 폴웰 목사님은 설교준비를 하면서 30분이라는 시간을 맞추느라 상당히 고생하지 않았을까 싶은 생각이 듭니다. 지금의 저처럼 말입니다. 제한된 시간 안에 설교를 마무리하는 것의 가장 어려운 점은 무엇을 넣고 뺄지를 선택하는 문제입니다. 저는 욕심이 많아서인지 설교준비를 할 때 이 말도 넣고 싶고 저 말도 넣고 싶은 생각이 많이 듭니다. 이 예화도 집어넣고 싶고 저런 적용점도 포함시키고 싶습니다. 그러나 그렇게 할 수가 없습니다. 시간이 제한되어 있기 때문입니다. 5분밖에 없는데 어떻게 모든 말을 다 할 수 있겠습니까? 뭔가는 가야 합니다. 어떤 설명, 어떤 예화는 삭제되어야 합니다. 그래서 저는 갈등합니다. 무엇을 넣고 무엇을 빼야 할지 말입니다.

우리 인생은 제한되어 있습니다. 그것은 마치 토마스로드 교회의 시계처럼 0을 향해 빠르게 움직입니다. 우리는 모든 것을 다 하면서 살 수 없습니다. 그것이 좋은 것이라 하더라도, 유익한 것이라 하더라도 마찬가지입니다. 내가 하고 싶은 것 다 하고 내가 배우고 싶은 것 다 배우며 내가 만나고 싶은 사람 다 만나면서 성공적인 인생을 살 수는 없습니다. 뭔가는 가야 합니다. 선택과 집중은 효과적인 인생의 필수적인 요소입니다.

그러면 무엇을 선택하며 무엇에 집중해야 할까요? 그것은 하나님의 소명과 긴밀한 관계가 있습니다. 그래서 소명을 아는 것이 건강한 인생에 그토록 중요한 것입니다. 하나님께서 불러서 하라고 하신 일을 이루는 데 꼭 필요한 것들만 선택하십시오. 그리고 그것에 집중하기 바랍니다. 예수님은 그렇게 사셨습니다. 학위나 인맥구축, 자기계발, 훌륭한 기회 등에 곁눈질하지 않고 무서운 집중력을 보이셨습니다. 좋은 일이라고 다 하시지 않았습니다. 생각해보십시오. 그분이 할 수 있는 일, 세상을 바꾸기 위해 그분이 하고 싶은 일이 얼마나 많았겠습니까? 그러나 소명과 정확히 일치하지 않는 일엔 단호히 '아니요'라고 하셨습니다. 그냥 보내버린 것입니다. 그랬기 때문에 그분은 짧았지만 꽉 찬 삶을 사셨습니다.

우리의 삶에서 가야 할 것은 무엇일까요? 지금 하는 일, 공부, 놀이, 취미나 관계에서 무엇을 빼야 할까요? 소명을 이루는 데 꼭 필요한 것이 아니라면, 아니 오히려 우리의 주의를 흩트리거나 그 소명에 집중하는 것을 어떤 식으로든 방해한다면, 아깝다는 생각이 들더라도 미련이 가더라도 과감히 빼버려야 할 것입니다. 그게 아무리 좋은 일이라도 마찬가지입니다. 그래야만 제한된 삶에서 하나님의 뜻을 온전히 이루며 제대로 성공할 수 있습니다. 기억하십시오. 하나님이 보시기에 건강하며 꽉 찬 삶을 살기 위해 뭔가는 가야 합니다. 반드시 그래야 합니다.

2013. 03. 22.

습관은
배신하지 않는다

극동방송 최장수 프로그램인 《5분말씀》의 설교자이며 저의 목회 멘토이신 김우생 목사님께서는 "설교는 목회사역의 밝은 면"이라는 말씀을 하신 적이 있습니다. 매주 하는 설교가 결코 쉽지 않고, 때론 가슴을 짓누르는 부담이요, 엄청난 정신적 고통이지만 그래도 목회사역에서 설교는 밝은 영역에 속한다는 것입니다. 그분은 55년 이상의 장기목회를 하신 분입니다. 그야말로 목회의 산전수전을 다 겪은 분으로서 하신 말씀이니 그 말씀은 정확한 판단에 근거한 말씀일 것입니다. 그만큼 어려운 일들이 목회사역에 많다는 것이겠지요.

그분의 말씀을 저의 신학교 사역에 차용하자면 "강의는 신학교 사역의 밝은 면"이라고 할 수 있을 것입니다. 작고 궁핍한 신학교의 교수로서 강의 외에도 신경 써야 할 것이 참 많습니다. 연구논문도 써야 하고 회의도 해야 하고 학생모집이나 재정충당에도 신경을 써야 하고 행정에도 어느 정도 관여해야 합니다. 그중에 제가 정말 싫어하는 것이 있는데 그건 채점하는 일입니다. 학기를 마친 지금, 저는 그 싫어하는 채점을 하고 있습니다. 그런데 채점을 하면서 이런 발견을 하게 됩니다. 그것은 학생들이 매 학기 비슷한 패턴을 보인다는 것입니다. 시험을 못 보는 학생들은 늘 못 봅니다. (시험성적도 늘 비슷합니다.) 과제를 늦게 내는 학생들은 언제나 늦게 내는 경향이 있습니다. 왜 그럴까요? 지적인 능력의 차이일까요? 처한 상황이 특별히 힘들어서일까요? 그런 부분이 전혀 없다고는 할 수 없을 것입니다. 그러나 같은 패턴이 반복된다면 그런 것들보다는 습관 때문이라고 말하는 것이 많은 경우, 더 정확할 것입니다.

시험을 못 보는 학생들은 지적능력보다 공부하는 습관이 안 들어있어서 그럴 가능성이 큽니다. 그들에겐 책을 읽고 강의 노트를 보며 암기하고 깊이 생각하는 이 모든 것이 습관화되지 않아 자연스럽지가 않고 오히려 너무 힘든 것입니다. 그래서 대충하거나 벼락치기를 하거나 아예 포기하고 잠들어버립니다. 과제를 늦게 내는 학생들도 마찬가지입니다. 그들 또한 다른 학생들보다 할 일이 특별히 많거나 지적 능력이 떨어져서라기보다 시간 관리와 연관된 안 좋은 습관 또는 미루는 것과 같은 나쁜 습관 때문에 그럴 가능성이 아주 큽니다. 반대로 시험을 잘 보거나 제시간에 과제를 내는 학생들은 좋은 습관을 따라 그렇게 한다고 저는 생각합니다.

습관은 우리 인생을 만드는 데 있어 매우 중요합니다. 그리스의 철학자인 아리스토텔레스가 말한 것처럼 우리는 우리가 반복적으로 하는 것의 총합입니다. 그는 그 전제 위에서 탁월성이란 하나의 행위가 아니라 습관이라고 주장합니다. 좋은 습관이 우리 인생을 탁월하게 만든다는 말입니다. "생각을 심으면 행동을 낳고, 행동을 심으면 습관을 낳고, 습관을 심으면 성품을 낳고, 성품을 심으면 운명을 낳는다."는 말을 들어보았을지 모릅니다. 이 유명한 경구 또한 우리 인생의 운명을 결정하는 데 있어서 습관의 중요성을 강조합니다. 최근에 우리는 김모 배우가 필로폰 중독과 이에 따른 우울증, 그리고 가족 간의 갈등으로 인해 만취 상태에서 스스로 목숨을 끊었다는 안타까운 소식을 들었습니다. 그런데 그 비극적인 운명은 그에게 형성된 오랜 습관의 결과라고 말할 수 있지 않을까요? 그가 무심코 반복했던 것들이 자기도 모르는 사이에 습관이 되었고 그것이 그의 운명을 결정지었다고 말한다면 너무 지나칠까요?

우리는 습관의 중요성을 과소평가하지 말아야 합니다. 건강한 습관이 건강한 삶을 만듭니다. 또한 이러한 습관의 중요성은 우리의 영적 삶에도 동일하게 적용됨을 알아야 합니다. 좋은 영적 습관을 지닌 그리스도인은 좋은 신앙인이 됩니다. 그리고 그 반대도 마찬가지입니다. 예수님은 좋은 영적 습관을 지니고 있었습니다. 누가복음 22장 39절에 의하면 그분은 "습관을 좇아" 기도하기 위해 감람산에 가셨습니다. 그분에게는 기도하는 습관, 말씀을 읽고 묵상하는 습관, 하나님을 예배하는 습관 등이 있었습니다.

당신은 어떤 습관을 지니고 있습니까? 어떤 사람들은 늘 예배에 늦게 옵니다. 시간을 늦추면 그 시간에 맞춰 또 그만큼 늦게 옵니다. 왜 그럴까요? 특별히 바쁜 일이 있거나 준비할 것이 많아서일까요? 그것보다는 그냥 습관일 가능성이 큽니다. 자기도 모르는 사이 예배에 5분 또는 10분씩 늦게 오는 습관이 형성된 것입니다. 어떤 성도는 예배를 드리면서도 스마트폰을 계속 들여다봅니다. 그 또한 습관입니다. 반대의 경우도 마찬가지이겠죠? 예배에 일찍 오거나 앞자리에 앉거나 온전히 집중하는 것도 습관입니다. 행동뿐 아니라 마음의 습관도 있습니다. 늘 염려하거나 냉소적이거나 부정적인 생각을 하는 습관에 빠진 사람도 있고 감사와 기쁨, 긍정적 생각의 습관을 지닌 이도 있습니다. 릭 워렌은 영적 성장을 위해서 최소한 세 가지의 습관을 반드시 형성해야 한다면서 믿음의 식구들과 교회공동체 안에서 교제하는 습관, 주님을 신뢰하고 헌금하는 습관, 말씀과 기도로 경건의 시간을 갖는 습관을 들었습니다. 단순히 '성장했으면 좋겠다.'는 생각이 아니라 훈련으로 형성된 습관이 영적인 성장과 성숙을 가져온다는 것입니다.

우리 교회 작은도서관인 "사랑ING"에 꽂혀있는 책 가운데서 『습관은 배신하지 않는다』라는 제목의 책을 보았습니다. 자기계발의 전문가인 공병호 씨가 지은 책인데 이 책에서 그는 우리의 삶을 개선할 수 있는 37가지 습관을 제안하고 있습니다. 그는 특별한 인생을 원한다면 특별한 씨앗을 뿌릴 수 있어야 한다고 말합니다. 그렇습니다. 그 책 제목처럼 습관은 우리를 배신하지 않습니다. 좋은 습관의 씨앗을 뿌리면 멋진 인생의 열매를 거둘 것입니다. 이는 얼마나 희망을 주는 생각인지요? 생각해보십시오. 좋은 재능은 아무나 가질 수 없지만 좋은 습관은 누구나 가질 수 있습니다. 따라서 좋은 인생도 누구에게나 가능합니다. 학벌이나 배경, 나이나 성별 등과 상관이 없습니다. 예수 그리스도의 발자취를 따르는 자들로서 예수님처럼 거룩한 습관을 개발합시다. 당신이 누구인가에 상관없이 그 습관은 당신을 배신하지 않을 것입니다. 그것은 당신의 믿음을 성장시키고 성품을 성숙하게 만들며 영혼을 건강하게 할 뿐 아니라 하나님께 쓰임 받아 많은 사람을 유익하게 하는 풍성한 삶을 살도록 이끌 것입니다.

2016. 07. 01.

5부

교회,
어떻게
교회되지?

그거 일요일마다
하는 거예요?

점심시간에 지난주 우리 교회를 처음 방문했던 김아름(가명) 씨에게 전화를 걸었습니다. 아름 씨는 중국 동포이며 대기업 연구원으로 근무하는 우리 교회 집사님의 직장동료입니다. 그 집사님의 인도로 우리 교회 예배에 참석했던 거죠. 아름 씨는 지금까지 단 한 번도 교회에 가본 적이 없었다고 합니다. 태어나서 처음으로 우리 교회에 왔던 것입니다. 그녀에게는 그야말로 역사적인 경험(?)이라고 할 수 있겠지요. 아마 우리가 하는 모든 것이 생소하고 신기했을 것입니다. 왜 어떤 사람은 노래를 부르며 손을 드는지, 목사란 사람은 왜 저렇게 혼자서 오래 이야기하는지, 기도가 끝났는데도 왜 사람들은 오르간 반주가 나오는 동안 계속 눈을 감고 있는지 궁금했을 것입니다.

교회에 생전 처음 나온 사람들을 대하면 참 흥미롭습니다. 그들은 우리의 문화나 규칙에 익숙하지 않기 때문에 재미있는 행동으로 우리를 즐겁게 하거나 때로는 당황하게 만듭니다. 교회에 가본 경험이 없거나 교회 문화에 익숙하지 않은 사람들을 대상으로 사역하는 윌로우크릭 교회의 빌 하이블스 목사는 자기 교회의 방문자들 가운데는 예배 중간에 걸어서 나가는 사람들도 있다고 했습니다. 영화를 보다가 재미없으면 극장에서 나가버리듯 예배 때에도 그렇게 하는 것이죠. 그들은 예배가 좀 지루하더라도 끝까지 앉아 있어야 한다는 우리의 불문율을 잘 모르기 때문에 거침없이 퇴장을 감행할 수 있습니다. 사정이 이러하기 때문에 구도자들seeker을 주님께로 이끌기 원하는 교회들은 예배나 집회를 기획할 때 세심한 주의를 기울이고 탁월성을 추구해야 한다고 하이블스는 충고합니다.

하지만 재미있는 일들도 많습니다. 얼마 전부터 우리 교회에 나오기 시작한 한 청년 형제는 전도사님과 성경공부를 하면서 요 3:16을 "요 삼 땡땡 십육"이라고 읽어 웃음바다를 만들었다고 합니다. (그가 읽었던 구절이 정확히 어떤 구절이었는지는 잊어버려 그냥 요 3:16을 예로 들어 말합니다.) 가끔 초신자들의 기도를 들어보면 표현이나 내용이 웃기는 것도 많고 격식 파괴의 신선함을 느끼기도 합니다. "인도하여 주시옵소서" 등의 상투적인 문구나 심지어는 "예수님의 이름으로 기도합니다"라는 공식화된 문장도 듣기 힘들죠. 하나님 아버지를 과감하게 우회하여 예수님께 직접 기도하기도 합니다. 그러나 때로는 그들이 의도했든 아니든 간에 생각지 못했던 영적 교훈을 우리에게 주는 일도 적지 않습니다.

　오늘 아름 씨와의 대화가 그런 경우였습니다. 교회에 온 것을 환영한다고 말하며 첫 교회 경험이 어땠느냐고 물었습니다. 그녀는 재미있었고 무엇보다 사람들이 친절해서 좋았다고 답했습니다. 우리의 관심과 친절이 비그리스도인들에게 얼마나 중요한가를 느끼게 하는 순간이었습니다. 긍정적인 대답에 대해 흐뭇함을 느끼면서 다음 일요일에 또 와서 얼굴도 보고 예배도 같이 드리자고 청했습니다. 그 초청의 말에 대한 그녀의 반응은 완전히 예측을 벗어난 것이었습니다. 그녀는 이렇게 질문했습니다. "그거 일요일마다 하는 거예요?" 웃으면서 그렇다고 대답을 한 후 마무리를 하고 전화를 끊었습니다. 그런데 그녀의 마지막 질문이 머릿속을 한참 동안 맴돌면서 이런 생각이 들었습니다. '나는 일요일마다 예배를 "하는" 것인가? 마치 주간행사를 하듯이, 어떤 공연을 하듯이 그렇게 하는 것은 아닌가? 우리 교회의 성도들 가운데 일요일마다 행사로 모이는 사람들은 없는 걸까? 과연 우리는 예배가 매일의 라이프스타일인가? 아니면 주간 단위의 종교적 행사인가?'

　교회에 대해 잘 모르는 한 외부 방문자의 말을 너무 심각하게 받아들였는지도 모릅니다. 그러나 저는 과거 이교도들이나 심지어는 당나귀를 통해서 말씀하셨던 하나님께서 그녀를 통해 왜 말씀하시지 못하겠는가 하는 생각을 떨칠 수 없었습니다. 아름 씨 같은 비그리스도인 구도자들이 교회에 많아지는 것은 참으로 좋은 일입니다. 잃어버린 하나님의 보배와도 같은 그들을 다시 그 주인 되신 분에게로 인도할 가능성이 크기 때문입니다. 그들이야말로 선한 목자이신 우리 주님이 간절히 찾기 원하는 사람들이 아닙니까? 당연히 교회도 "자기들만의 리그"에 만족하는 것이 아니라 그들을 향해 문을 열고 두 팔을 활짝 벌려야 할 것입니다.

비그리스도인들을 벌린 팔로 환영하며 그들에게 민감한 교회가 되지 않겠습니까? 그들은 엉뚱한 말과 행동으로 우리를 즐겁게 하고, 우리의 고정관념을 도전하며, 가끔은 예기치 못한 가르침을 주기도 합니다. 오늘 아름 씨가 제게 그랬던 것처럼 말입니다.

2007. 10. 12.

예의 좀 갖추실까요?

아내와 함께 유럽여행을 갔었습니다. 영화에서나 볼 수 있었던 알프스와 그림 같은 호수들, 고색창연한 성들과 성당들, 그리고 돌로 만들어진 운치 있는 골목길 등은 우리의 마음을 들뜨게 하기에 충분했습니다. 아, 유럽의 풍광은 기억의 창고에 깊숙이 자리 잡을 만큼 얼마나 아름답던지요! 그러나 안타깝게도 모든 것이 다 좋지는 않았습니다. 단체 여행이어서 개인적인 자유가 거의 없었습니다. 거기다 짧은 시간에 무려 6개국을 둘러봐야 하니 새벽부터 저녁까지 스케줄이 빡빡한 강행군에다 긴 시간을 버스에 앉아있는 고통을 견뎌야 했습니다. 특히나 식당 같은 데서 작은 화장실을 수많은 사람이 함께 사용해야 하는 것은 상당히 불편한 경험이었습니다. 남성들은 그래도 좀 낫지만 여성들은 아주 긴 줄을 기다려서 빨리 일을 봐야 하는 어려움을 견뎌야 했습니다.

그런 가운데 일어났던 일입니다. 제 아내가 오랜 기다림 끝에 마침내 화장실을 사용하고는 손을 씻고 있었습니다. 그런데 그 위에 불쑥 손이 하나 올라왔다고 합니다. 중국 관광객의 손이었습니다. 그녀는 남이 손을 씻고 있는 중 한마디 양해의 말도 없이 끼어들어서 자신의 손을 씻었던 것입니다. 그 무례함에 아내는 놀라움을 금치 못했습니다.

중국인들 가운데 무례한 사람들이 좀 있지만, 그러나 무례함은 중국 사람들만의 문제는 아닙니다. 모든 중국인이 다 무례한 것도 아닙니다. 무례함은 국적이나 인종에 연관된 문제가 아닙니다. 그것은 우리 한국 사람들의 문제이기도 합니다. 사실은 모든 사람이 때때로 누군가에게 무례할 수 있습니다. 이는 그리스도인들과 교회의 경우에도 예외가 아닙니다.

풀러 신학교의 총장인 리처드 마우Richard Mouw 박사는 수년 전 『무례한 그리스도인』이라는 책을 쓴 적이 있습니다. 그 책의 원래 제목은 Uncommon Decency인데 직역하자면 "흔치 않은 예의" 정도가 될 것입니다. 마우는 그 책에서 오늘날 많은 그리스도인에게 시민 교양civility이 결여되었다고 개탄을 했습니다.

한 예로 그는 대학 시절 자신이 탄 버스에 있었던 한 승객 이야기를 해 줍니다. 중년의 남자인 그 사람은 여기저기 자리를 옮겨 다니면서 사람들과 대화를 나누고 있었습니다. 그러다가 차례가 되었는지 마우의 옆자리로 와서 앉았습니다. 그는 마우에게 관심을 보이며 한 15분가량 신상에 관한 질문을 던지다가 갑

자기 종교에 관한 주제로 대화를 급선회했습니다. 마우가 반사적으로 자신이 그리스도인임을 밝히자 그는 신경질적으로 "진작 그걸 얘기했어야지!"라고 말하면서 자리를 박차며 일어났다고 합니다. 그의 황당한 반응은 처음에 그가 마우에게 보인 개인적 관심과 교양 있는 태도가 결국 하나의 책략에 불과했음을 드러내 주었습니다. 마우는 그의 꾸며낸 처음의 교양과 나중의 무례함에 몹시 기분이 상했다고 합니다.

만약 리처드 마우가 최근 한국 기독교계에서 일어난 몇몇 에피소드를 듣는다면 아마 자신의 귀를 의심할지 모릅니다. 위의 그 남자와는 비교할 수 없는 무례함이 판을 치고 있기 때문입니다. 우리 그리스도인의 무례함은 타 종교인에 대한 우리의 태도에서 가장 잘 드러납니다. 요즈음 뉴스를 본 분들은 잘 알겠지만 일부 그리스도인들이 타 종교인, 또는 예수님을 믿지 않는 분들과 불필요한 갈등을 빚어 많은 사람에게 안타까움을 더해주고 있습니다.

한 예로 얼마 전 일단의 크리스천 청년들이 소위 "땅 밟기"를 한다면서 서울의 큰 사찰에 들어가 불당에서 찬양하고 기도하다가 여론의 뭇매를 맞은 사건이 있었습니다. 그들은 다음날 주지住持 앞에 꿇어앉아 훈계를 듣는 굴욕을 겪어야 했습니다. 그런가 하면 자신을 목사요 장로라고 하는 사람들이 조계사에 난입하여 스님을 비롯한 불교 신도들에게 호통을 치는 일도 있었습니다. 그들은 확성기를 들고 이렇게 불자들을 비난했다고 합니다. "하나님이 비를 내려주셔야 사는데 그것도 모르면서 밥을 먹으면 돼?!" 심지어 "부처 때문에 밥 처먹고 살아?"라며 시정 잡배들이나 할 막말까지 했습니다. 막상 그들에게 비를 주신 주님은 가만 계시는데 자기들이 왜 생색을 내며 난리를 치는지 정말 모를 일입니다.

이들은 자기들이 복음을 전하기 위해 그렇게 했다고 항변할지 모릅니다. 그러나 사도 베드로는 전도에 대해 언급하면서 말할 것을 항상 준비하되 "온유와 두려움으로" 하라고 권면합니다(벧전 3:15). 앞에서 언급한 사람들의 행동은 온유와 두려움과는 거리가 멀어 보입니다. 열정과 연민, 확신과 예의는 서로 조화를 이루어야 합니다. 하나님에 대한 열심도 중요하고 투철한 사명감도 필요하지만, 그것은 시민 교양의 맥락 가운데서 이루어져야 합니다. 마우가 말한 것처럼 우리는 "확신 있는 시민 교양convicted civility"을 계발해야 합니다.

생각해보십시오. 우리가 받았고 또 전해야 할 복음은 "은혜의 복음"입니다. 남을 존중하고 온유한 태도로 행하지 않으면서 은혜의 복음을 전하는 것은 사람들을 혼란스럽게 할 것입니다. 더욱이 우리는 오늘날 우리의 사회가 신정체제가 아닌 다원주의적인 사회임을 기억해야 합니다. 좋든 싫든 종교의 자유가 법으로 명시되어 있고 관용이 최고의 미덕으로 여겨지는 사회에 우리가 살고 있습니다. 이런 사회에서 그리스도인과 교회가 공공의 예의와 시민 교양을 갖추는 것은 장기적으로 복음 전도와 사역의 열매를 제대로 맺는 일에 너무도 중요합니다.

예수님은 우리에게 뱀처럼 지혜롭고 비둘기처럼 순결하라고 하셨습니다. 순결도 중요하지만 이제는 우리가 더욱 지혜를 구해야 할 때입니다. 이제는 성령의 능력뿐 아니라 성령의 열매를 맺고 온유한 태도를 배양해야 할 때입니다. 진리의 말씀을 전하되 온유와 두려움으로 해야 할 때입니다. 거룩함을 추구하되 동시에 모든 사람으로 더불어 화평함을 좇아야 할 때입니다(히 12:14). 그렇습니다. 이제는 정말 시민 교양을 갖추고 무례한 그리스도인, 무례한 교회라는 딱지를 떼어야 할 때입니다. 교회들이여, 이제 그만 예의 좀 갖추실까요?

2011. 03. 14.

정장正裝이 아닌
정심正心으로

영어로 드레스 코드dress code라는 말이 있습니다. 우리나라 말로 번역하자면 옷에 관한 규칙 또는 규정이라고 할 수 있을 것입니다. 미국에서 회사생활을 한 적이 있는 친구의 말에 의하면 그 회사에서는 모든 세일즈 담당 사원들에게 정장은 기본이고 셔츠와 넥타이 그리고 양말과 구두의 색깔까지 맞추어 입을 것을 요구했다는 것입니다. 아주 엄격한 드레스 코드가 적용이 된 것이죠.

요즈음에 와서는 많이 완화되었지만 전통적으로 클래식 음악의 연주회장에는 정장 차림이 아니면 들어갈 수 없다는 사실을 우리는 알고 있습니다. 정장을 하지 않으면 입장을 거부하는지는 모르겠지만 실제로 제가 갔던 한 음악회에서는 모든 사람이 정장을 입고 있어서 다른 복장의 사람은 들어온다 하더라도 있기가 상당히 불편할 것 같은 분위기를 느낄 수 있었습니다. 아주 고급 식당도 그런 곳이 있다고 듣긴 들었는데 한 번도 가 본 적은 없습니다. 그런 식당에 대한 반발심을 이용했는지는 몰라도 넥타이를 매고 들어오면 그 넥타이를 가위로 자르는 식당도 미국에는 있었습니다. 많은 사람이 그 사실을 알면서도 넥타이를 매고 거기 가서 잘림을 당한다는 이야기도 들었습니다. 요즈음 사는 것이 재미가 없기는 없는 모양입니다.

옷에 대한 규칙으로 말하자면 교회를 빼놓을 수가 없습니다. 영어를 자꾸 사용해서 그렇지만 영어 표현에 Sunday best 또는 Sunday clothes라는 말이 있습니다. 이 말의 의미는 나들이용 옷이라는 뜻입니다. 원래는 주일날 예배당에 갈 때 정장으로 잘 차려입고 가던 데서 이 말이 생긴 것으로 생각됩니다. 우리가 미국에 가서 처음 2년간 다녔던 미국 교회는 옷에 대한 규칙이 몹시 까다로워서 어른은 말할 것도 없고 유치원생 정도의 아이들에게까지도 정장 또는 준 정장의 착용을 요구했던 것으로 기억됩니다. 남자아이는 여름이 되어도 반바지를 입을 수 없었고 여자아이는 치마 이외에는 허용이 되지 않았습니다. 여자 성도가 바지를 입는다거나 남자회원이 정장을 입지 않는 것은 꿈도 꿀 수 없는 일이었습니다. 그뿐만 아니라 머리 모양도 남자의 경우 거의 사관생도나 몰몬교 선교사처럼 하고 다니는 것이 보통이었습니다.

이런 규칙은 물론 좋은 동기에서 생겼을 것입니다. 하나님께 드리는 예배의 심각성을 가르쳐 주고 하나님께 대한 존경심을 표시하기 위해 제대로 된 옷을 입으라고 요구했을 것입니다. 그리고 옷매무시를 단정히 할 때 어느 정도 마음이 가다듬어지는 효과도

노렸을 것입니다. 그러나 그것이 경직된 법이 되고 문화적인 상례가 되어 교회는 어떤 특정한 스타일의 옷을 입지 않으면 못 가는 곳으로 인식된다면 그것은 고려해야 할 문제라고 생각됩니다. 마치 하나님은 정장 차림의 사람들만 기뻐하시고 면바지나 티셔츠를 입은 사람은 좋아하시지 않는 것처럼 여겨진다면 제대로 된 정장이 없는 사람이나 정장 입기를 즐기지 않는 사람은 어떻게 하나님께 나아가겠습니까? 교회의 문턱을 고급식당이나 고전음악 연주회장의 문턱만큼 높인다면 복음전파에 얼마만 한 지장을 초래하겠습니까? 성경에 이런 말이 있다고 상상해보십시오: "하나님이 세상을 이처럼 사랑하사 독생자를 주셨으니 이는 정장을 입고 저를 믿는 자마다 영생을 얻게 하려 하심이요…."

물론 믿는 사람이 하나님의 이름과 그 명성에 현저한 불명예를 초래할 그런 옷을 입고 다녀도 괜찮다는 말을 하는 것은 아닙니다. 공적인 예배에서 일반 사람들의 눈총을 받는 그런 차림으로 참여해도 상관없다고 주장하는 것은 더더욱 아닙니다. 그러나 캐주얼한 옷 자체가 그런 범주에 들어가는 것은 아니라고 생각합니다. 그보다는 오히려 지나치게 화려하거나 사치스러운 옷이 더 문제가 될 것입니다. 그러한 옷은 이 땅에서 소박한 삶을 사셨던 예수 그리스도와 어울리지도 않고 계층 간 위화감을 조성해 전도에도 도움이 되지 않을 것입니다. 실제로 제가 다녔던 한 교회의 집사님은 정장 일색의 교회에서 일부러 캐주얼한 차림으로 교회에 오곤 했습니다. 정장하지 않은 사람들이 교회에 왔을 때 조금이라도 편안하게 느끼도록 도와주기 위해서 그런 차림을 했던 것입니다.

제 생각인데 만약 예수 그리스도께서 오늘날 우리가 사는 세상에 오셨다면 정장보다는 평상복을 더 많이 입으셨을 것 같습니다. 목수의 일을 하셨던 분이고 돈도 그리 가지지 못했을 것이니 비싼 정장은 아예 생각도 못 했을 것이 아닙니까? 가끔 뒷주머니에 공구가 잔뜩 꽂힌 청바지를 입고 맑은 땀을 흘리며 열심히 목수 일을 하시는 예수님의 모습을 상상하면 신선한 느낌이 들기도 합니다. 그것은 하나님 아버지께 얼마나 아름다운 모습이었을까요?

옷 이야기를 지금까지 했지만 요점은 옷보다 더 중요한 것에 있습니다. 성경에 보면 하나님은 겉모양보다는 우리의 마음에 더 관심이 있음을 잘 알 수 있습니다. 그분은 예배자들에게서 옷보다는 마음의 상태를 더 주의 깊게 바라보실 것입니다. 사실 제 기억으로는 하나님께서 신약 교회의 성도들에게 예배하러 올 때 어떤 형식의 옷을 입으라고 말씀하신 적이 없습니다. 그런 외부적인 것보다 그분은 오히려 "신령과 진정으로 in spirit and in truth" 예배드리는 자를 찾고 계십니다(요 4:23). 사람은 겉모습을 보지만 하나님은 마음의 중심을 보신다는 말씀입니다. 그런 하나님께 나아가는데 옷의 스타일이 무슨 큰 상관이 있겠습니까? 정장한 사람의 예배만 하나님께서 기뻐 받으시겠습니까? 티셔츠 차림으로 기도한다고 하나님이 무조건 그 기도를 거절하실까요? 청바지를 하나님이 혐오하신다는 성경적인 근거가 어디에 있습니까?

하나님이 참으로 혐오하시는 예배는 참된 마음의 헌신과 하나님에 대한 사랑이 없이 겉모습만 번지러 한 형식적 예배입니다. 구약의 예언서를 한번 읽어보십시오. 선지자들이 얼마나 신랄하게 그런 예배를 비난하고 있는지! 좀 심하다는 생각이 들 정도로 그들의 메시지는 날카롭습니다. 아무리 좋은 옷을 입고 앉아 있으면 뭡니까? 아무리 그럴듯한 몸짓으로 순서를 따라가면 뭡니까? 마음이 빠져 있으면 아무런 소용도 없습니다. 그런 것은 하나님을 괴롭게 할 따름입니다.

가끔 우리는 어떤 사람의 겉모습을 보고 그 사람의 영성을 판단하고자 하는 유혹에 빠집니다. 그러나 그것은 매우 위험한 발상입니다. 사람마다 음식에 대한 기호가 다르듯 옷차림이나 스타일에 대한 기호도 다른 것을 우리는 인정해야 합니다. 경건하다고 다 정장 차림을 좋아하지 않습니다. 영적이라고 다 짧은 머리를 선호하지 않습니다. 한국의 교회엔 좀 드물긴 하지만 오늘날 하나님께 크게 쓰임 받는 목회자들 가운데 수수한 캐주얼 복장으로 강단에 오르는 사람들이 적지 않습니다. 요지는 외모나 개인의 기호 사항을 영성이나 성품과 연결하려는 것은 매우 부적절하고 위험하다는 것입니다. 하나님께서는 우리가 어떤 스타일의 옷을 입었느냐보다 어떤 마음을 가지고 있느냐에 훨씬 더 관심이 많습니다. 게다가 다양성을 즐기시는 하나님의 눈으로 볼 때 모두 비슷한 정장 차림으로 교회당에 앉아있는 것보다 각자의 기호와 개성에 따라 다양한 차림으로 앉아 있는 것이 더 낫지 않을까요?

그러므로 이제부터 하나님께 예배드릴 때 무엇을 입을까 너무 염려하지 말면 좋겠습니다. 대신 우리의 마음 상태에 더 큰 신경을 써야 할 필요가 있을 것입니다. 왜냐하면 하나님의 관심이 집중된 부분이 바로 그곳이기 때문입니다. 다윗이 그랬던 것처럼 하나님께 당신의 마음을 살펴달라고 부탁드리십시오. 주님의 순수함과 투명함으로, 그분의 탁월함과 아름다움으로 당신의 마음을 꾸며달라고 기도하십시오. 주님을 바라볼 수 있는 맑고 깊은 영혼의 눈을 달라고 말씀드리십시오. 주님이 꾸며주신 마음들이 모여 하나님을 예배할 수 있다면 그 모임은 얼마나 감동적이고 멋있는 광경일까요? 그런 마음만 있다면 옷차림에 관한 문제야 저절로 해결되지 않겠습니까?

우리네 교회는 주님께 드려진 아름다운 마음들이 모여 하나님을 찬양하고 그분께 경배하는 예배의 공동체가 되었으면 하는 바람입니다. 정장 입은 사람도 캐주얼을 입은 사람도 아무 부담 없이 편하게 와서 영광스러운 하나님을 마음껏 예배하고 감격에 겨워 주께 찬양하며 또 서로 뜨겁게 사랑하며 섬기는 그런 멋진 마음의 다발이 되기를 바랍니다. 정장이 아니라 정심正心으로 나아가는 교회가 됩시다. 우리의 친구들과 주위의 사람들에게 우리 교회는 드레스 코드가 없는 대신 맑고 아름다운 마음의 매무시를 추구하는 마음의 코드heart code가 있는 공동체로 알려졌으면 좋겠다는 생각을 해봅니다.

2007. 08. 15.

이야기하는 교회

우리가 사는 시대를 포스트모던 시대라고 합니다. 모던 시대는 근대주의 시대라고 번역하니까 포스트모던 시대는 후기 근대주의 시대라고 번역할 수 있겠죠. 모던 시대에는 이성理性이 왕좌에 앉아 영화를 누렸습니다. 이성과 과학이 신처럼 여겨졌고 그것으로 모든 것을 판단하려고 했었습니다. 그러나 18세기부터 약 300년 정도 모던 시대를 살면서 사람들은 이성의 한계를 인정하지 않을 수가 없었습니다. 그래서 포스트모던 시대가 도래했고 이성도 그 절대적 자리를 내어주게 되었습니다.

포스트모던 시대에 새롭게 각광을 받은 것은 감성과 영성입니다. 이성만으로는 설명할 수 없는 일들이 너무 많았기 때문에 감성과 영성에 눈을 돌리게 된 것입니다. 그러면서 부각된 것이 바로 이야기story입니다. 삼단논법 같은 논리가 아니라, 이야기를 통해서 의사소통하는 시대가 온 것입니다. 주위를 둘러보십시오.

우리 시대는 이야기로 넘쳐나고 있습니다. TV 드라마나 영화, 토크쇼는 말할 것도 없고 『마시멜로 이야기』나 『청소부 밥』 같은 자기계발 서적도 이야기라는 형식을 사용하여 메시지를 전하고 있습니다. 그래서 설교학자인 해돈 로빈슨Haddon Robinson은 우리 시대를 "이야기의 시대storied culture"라고 표현하기도 했습니다.

그런데 이야기는 많은 사람의 생각처럼 포스트모던 시대의 산물이 결코 아닙니다. 하나님은 3,500년 전부터 이야기를 사용해서 우리에게 말을 걸어오셨습니다. 성경을 보십시오. 성경의 2/3는 이야기입니다. 하나님은 논리적이고 분석적인 종교철학이나 조직신학 책을 통해 당신을 계시하신 것이 아니라, 이야기를 통해 당신이 어떤 분이며 이 세상에서 어떤 일을 하고 계시는지를 보여주셨습니다. 그리고 우리를 그 이야기의 세계로 초대하셔서 "이야기 안의 사람"으로 바꾸시고 하나님을 만나게 해주십니다. 그 자신이 탁월한 이야기꾼인 유진 피터슨의 설명을 들어볼까요?

　　이야기는 성경이 '하나님 이야기' 안에서 우리 자신을 발견하도록 돕는 대표적 방식이다. 성경 이야기는 우리를 만드시고 구원하시는 하나님의 이야기다. 진리에 대한 추상적 진술들과는 달리, 이야기는 독자의 옆구리를 꾹꾹 찔러 그 이야기 속에 뛰어드는 참여자로 만든다. 우리는 어느 순간 무대 위에 올라가 있다. 처음에는 구경꾼이나 비평가로 시작했더라도 탁월한 이야기(성경은 참으로 탁월한 이야기다!)를 만

나면, 어느새 이야기를 듣는 사람에서 이야기 안의 사람으
로 바뀐다.

하나님을 알고 그분의 구원과 사랑과 은혜를 내 것으로 경험
하기 위해서 우리는 성경의 이야기를 자꾸만 접하고 그 이야기 속
으로 들어가야 합니다. 사실은 기독교의 복음도 수학 공식이 아니
라 하나의 위대한 이야기입니다. 그것은 창조와 타락과 구원, 반
역과 사랑과 회복의 우주적 드라마입니다. 그 복음의 이야기를 듣
고 그 이야기 속으로 들어가 십자가에 외아들을 우리 대신 희생하
신 사랑의 하나님을 만난 것처럼 성경의 이야기 속으로 들어갈 때
우리는 그 특별한 이야기 하나하나 가운데서 하나님을 새롭게 만
날 것입니다. 그 이야기가 우리의 마음을 만지고 하나님의 은혜를
경험하게 하며 결국은 우리를 변화시킬 것입니다.

우리는 또한 우리 자신이 성경 이야기에서, 그리고 더 나아가
우리의 삶 가운데서 경험한 하나님 이야기를 다른 사람들에게 들
려주어야 합니다. 하나님은 우리가 그렇게 하기를 원하십니다.
그분은 우리에게 복음을 전하라고 명하셨습니다. 그것은 수학 공
식을 말하라는 뜻이 아니라 우리를 구원하시고 우리에게 은혜를
베푸신 하나님 이야기를 하라는 뜻입니다. 유진 피터슨이 베드로
전서 2:9을 번역한 것처럼 "하나님께서 여러분을 위해 밤낮으로
행하신 특별한 일 —아무것도 아닌 자에서 중요한 자로, 거절당한
자에서 받아들여진 자로 바꾸신 일— 을 다른 사람들에게" 얘기

하라는 뜻입니다.

저는 한 교회의 목사로서 성도들이 해주는 그들만의 "하나님 이야기" 듣기를 좋아합니다. 우리가 "간증"이라고 이름 붙인 그 특별한 이야기들이 넘쳐나는 교회가 되면 좋겠다는 생각을 합니다. 그 이야기들은 교회의 소중한 자산입니다. 이것은 가족 공동체에서도 마찬가지입니다. 지금은 주님 품에 가신 저희 외할머니는 젊은 시절 남편에게 버림을 받고 평생을 외롭게 사신 분입니다. 그러나 그분은 자기 남편과는 비교할 수 없이 좋으신 참 신랑 예수 그리스도를 만나셨습니다. 예수님은 할머니의 삶에 생긴 빈자리를 채우시고 힘겨운 인생길을 가는 동안 동행해 주셨습니다. 어느 날 할머니는 대학생이었던 제게 오래전 어느 사경회에서 은혜로 다가오신 예수님을 만났던 이야기, 그리고 그 예수님을 만나고 돌아오는 버스에서 얼마나 마음이 벅차올랐던지 덩실덩실 춤을 추셨다는 이야기를 해주신 적이 있습니다. 그 이야기는 저의 마음을 따뜻하게 했고 그런 예수님을 저도 만나고 싶게 했습니다. 우리는 이런 이야기를 가족들과 교우들, 그리고 더 나아가 이 특별한 이야기를 정말 필요로 하는 세상 사람들과 나누어야 합니다.

이야기를 합시다. 자신이 경험한 하나님 이야기를 들려줍시다. 내 가족과 교우들뿐 아니라 아직 하나님을 모르는 사람들에게도 "나만의 하나님 이야기"를 나누어줍시다. 그래서 그 이야기를 통해 그들도 하나님을 만나고 자기만의 하나님 이야기를 가질 수 있게 합시다. 만약 내가 그 이야기를 하지 않는다면 아무도 나와 하나님 사이에 있었던 그 특별한 이야기를 듣지 못하게 될 것입니다. 그 소중한 이야기는 그냥 묻혀버릴 것이며 더 풍성해지고 더 커질 수 있었던 하나님 나라와 그분의 이야기는 그 상태에 머물고 말 것입니다.

성경 이야기를 듣고 그 안으로 들어가 하나님 이야기를 경험할 뿐 아니라, 그렇게 함으로써 내 것이 된 그 이야기를 하기 바랍니다. 앞서 언급한 것처럼 이야기는 포스트모던적인 이 사회에 아주 효과적인 커뮤니케이션의 수단입니다. 사람들은 흥미롭고 진정성 있는 이야기에 굶주려 있으며 그런 이야기를 듣고 싶어 합니다. 그런 이야기를 통해 의미를 찾고 싶어 합니다. 《책 읽어주는 교회》라는 독특한 이름의 교회가 있다는데 우리는 "이야기하는 교회"가 되었으면 하는 바람을 가져봅니다. 정말 이야기가 풍성한 교회로 세워지면 좋겠습니다. 한 찬송가의 가사처럼 "예수님과 그분의 사랑에 관한 아주 오래된 이야기를" 내 이야기로 만들 뿐 아니라 그것을 나만이 할 수 있는 독특한 방식으로 "말하기 좋아하는" 우리 모두가 되기를 진심으로 소망해봅니다.

2015. 10. 30.

레이디 가가를
어떻게 하랴

레이디 가가Lady Gaga라는 유명 팝 가수가 한국에서 공연할 예정이라고 합니다. 아직 20대 중반의 이 젊은 가수는 전 세계적으로 엄청난 인기와 영향력을 누리고 있습니다. 지금까지 음반 판매량은 싱글 5천만 장, 앨범 1천5백만 장에 달하며 유튜브 접속 건수가 무려 10억 회로서 모든 연예인과 정치인을 망라해 1위입니다. 전 세계적으로 3천만 명 이상이 페이스북에서 가가를 '친구'로 등록해 놓고 있으며 트위터 팔로워 수는 1천만에 달한다고 합니다. 작년 6월 그녀가 인터넷으로 신곡을 내놓자 닷새 만에 1백만 명이 유료로 노래를 다운로드 받았다는 뉴스는 그녀의 인기와 영향력이 어떤지를 분명히 보여줍니다. 그녀가 매년 《포브스》와 《타임스》가 선정하는 "세계에서 가장 영향력 있는 100인" 순위의 상위권에 오르는 것은 이런 이유 때문입니다.

안타깝게도 이 가수의 영향력은 기독교인의 입장에서 볼 때

긍정적인 쪽보다 부정적인 쪽으로 더 크게 작용하는 것 같습니다. 물론 좋은 면들도 있습니다. 이탈리아계 미국인으로 가톨릭적 환경에서 성장한 그녀는 아이티 지진 참사를 돕는 것과 같은 박애 활동을 벌이고 있습니다. 적극적으로 에이즈 예방과 치료 캠페인을 벌이고 일본의 재난 때도 15억 원 이상의 구호금을 내놓았습니다. 이런 그녀의 활동은 자기들만을 위해 돈을 쓰고 물질주의에 빠진 많은 교회와 그리스도인들을 부끄럽게 하는 일임을 인정하지 않을 수 없습니다.

그러나 해악은 결코 간과할만한 수준이 아닙니다. 그녀는 스스로 양성애자임을 밝히고 동성 결혼의 주례를 맡는 등 동성애를 적극적으로 옹호함으로써 성경의 윤리적 기준에 도전합니다. 그뿐만 아니라 외설적이고 퇴폐적인 퍼포먼스로 사람들의 마음을 오염시킵니다. 자살을 충동질하고 악마주의를 조장한다는 혐의를 받기도 합니다. 그녀는 다른 유명 문화 아이콘의 경우와 같이 자신을 따르는 사람들에게 신과 같은 존재입니다. 그녀는 이 시대의 우상입니다.

무엇보다 그녀는 기독교와 관련한 종교적 논란거리를 만들어 내는 것에선 타의 추종을 불허합니다. 최근 그녀가 내놓은 싱글 'Judas(유다)'의 경우도 뜨거운 논쟁을 불러일으켰습니다. 이 노래에서 그녀는 막달라 마리아로 분하여 자신이 예수님을 배반한 유다와 사랑에 빠졌다고 노래합니다. 그녀는 비록 예수님이 자신의 미덕인 줄 알지만 악의 화신인 유다에게 끌려들어 가고 있다며 유다에 대한 집착과 애정, 그리고 예수님으로 인한 갈등의 내용을 충격적으로 묘사하고 있습니다. 이 노래의 뮤직비디오는 더욱 충격적입니다. 예수님과 그를 배반한 가룟 유다, 그리고 예수님의 제자들을 뮤직비디오의 주인공으로 설정해놓고 예수님과 그 제자들을 오토바이 폭주족으로, 자신을 창녀 출신의 막달라 마리아로 등장시키고 있습니다.

당연히 기독교계는 레이디 가가를 경계하며 그녀의 활동을 반대합니다. 그래서 한기총을 비롯한 한국의 보수 기독교 단체에서는 현재 열심히 레이디 가가 공연반대 운동을 벌이고 있습니다. 레이디 가가를 초청한 카드사 앞에서 시위하며 그 카드의 불매운동을 하겠다고 으름장을 놓기도 합니다. 신촌의 어느 교회에서는 레이디 가가 공연취소를 위한 특별기도회를 열기도 했다고 합니다.

그러나 저는 이런 접근방식에 대해 그 동기는 이해하지만 바람직하다고 생각하진 않습니다. 무엇보다 실효적인 측면에서 별 효과가 없을 것이라고 봅니다. 지금까지 비슷한 반대 운동을 펼쳤지만 한 번도 그 목적을 달성한 적이 없었던 것으로 압니다. 마이클 잭슨 공연, 해리포터, 다빈치 코드 영화 등 다 반대한다고 소란을 떨었지만 별 소득 없이 지나갔습니다. 오히려 그들의 노이즈 마케팅을 돕는 역할을 하지 않나 우려가 되기도 합니다. 실제로 별 관심 없던 사람들이 기독교인들의 요란한 반대 운동 때문에 레이디 가가에게 관심을 갖게 되었다는 이야기도 들었습니다.

그뿐만 아니라 이런 식의 반대 운동은 기독교인들 사이에서 특정인에 대한 증오심을 부추기는 결과를 가져오기도 합니다. 레이디 가가가 어떤 사람인지, 어떤 활동을 하고 어떤 노래를 부르는지 충분히 알지도 못한 채 누군가가 만들어놓은 캐리커처만 갖고 증오와 저주와 판단의 말들을 쏟아붓는 것입니다. 실제로 저는 어떤 기독교인이 페이스북에 레이디 가가가 비행기 폭발로 죽어버렸으면 좋겠다고 쓴 글을 보기도 했습니다.

하나님도 레이디 가가에 대해 그렇게 느끼실까요? 그렇지 않을 것입니다. 그분은 레이디 가가를 사랑하시고 그녀를 위하여 자기의 아들을 내어주셨습니다. 예수님께서 이 땅에 오셨을 때 그분은 일부러 그녀와 같이 레벨이 붙은 죄인들을 찾아가셨습니다. 레이디 가가를 향해 저주의 거친 말들을 쏟아내는 기독교인들은 제게 예수님 당시의 바리새인들과 종교인들을 더 연상시킵니다. 당시 예수님이 아닌 그들이 그렇게 죄인들과 창녀들과 세리들을 저주하고 정죄했었습니다.

만약 아직 예수님을 믿지 않는 사람들이 기독교인들의 이런 말과 생각을 읽는다면 어떤 느낌이 들까요? 기독교의 하나님이 사랑임을 짐작할 수 있을까요? 아니면 진리와 거룩에 대한 우리의 헌신과 열정을 느낄 수 있을까요? 이런 반대 운동이 그들에게 경각심을 심어줄까요? 그들이 감동 받을 수 있을까요? 아니면 적어도 기독교인들에게라도 긍정적인 영향을 끼칠까요? 그 어떤 것도 아닐 것 같습니다.

이런 반대 운동을 펼치기 전에 우리는 먼저 우리의 삶을 돌아봐야 한다고 생각합니다. 오늘날 교회는 부당한 세습, 물량주의, 목회자 및 중직자들의 타락, 세속화 등으로 사회의 지탄을 받고 있습니다. 이 운동의 선봉에 선 한기총은 얼마 전 금권 선거 문제로 사회에 큰 물의를 일으키기도 했습니다. 그런 단체의 도덕적 경고에 사회가 귀를 기울일까요? "너나 잘 하세요"라고 받아치지 않을까요? 우리는 먼저 우리의 삶에서 거룩함을 추구해야 합니다. 우리의 삶이 그들에게 감동을 줄 수 있어야 그들이 우리의 말에 귀를 기울일 것입니다.

그렇다고 레이디 가가의 공연을 제가 찬성하는 것은 아닙니다. 저도 그녀가 공연을 하지 않았으면 좋겠습니다. 그러나 그것은 우리가 어떻게 할 수 있는 것이 아닙니다. 그녀는 세상의 법과 규정에 따라 합법적으로 공연을 진행하고 있습니다. 우리의 기준에 맞지 않는다고 취소를 명령할 수는 없는 법입니다. 교회는 예수님의 증인으로 부름 받았지 세상의 형사와 경찰로 부름 받지 않았습니다. 레이디 가가가 아니더라도 우리가 반대하며 막고 싶은 공연과 영화와 죄악들은 세상에 너무 많습니다. 그 모든 죄악의 현장에서 반대 운동을 벌일 수는 없지 않을까요?

물론 레이디 가가는 그 영향력과 파급효과의 면에서 매우 특별나며 그 누구보다 위험한 인물임에는 틀림이 없습니다. 그녀의 부정적 힘을 과소평가하는 것은 결코 아닙니다. 이미 말씀드린 것처럼 수많은 사람에게 그녀는 하나님을 대신한 우상입니다. 그 가운데는 그리스도인들도 없지 않을 것입니다. 한국의 십대 크리스천들이 아이돌 가수와 연예인을 주님보다 더 추종하듯이 말입니다. 그 배후에는 악한 영의 활동도 없다고 할 수 없을 것입니다. 그러나 우리 하나님은 그 모든 것보다 더 크십니다. 레이디 가가가 어떻게 한다고 기독교가 무너지거나 약해지지 않습니다.

그뿐만 아니라 교회가 하나님보다 사탄의 활동에 더 주목하는 것은 결코 건강한 신앙의 행태가 아니라고 생각합니다. 이 기회에 우리는 예수님께서 우리에게 하신 "너희는 뱀처럼 지혜롭고 비둘기처럼 순결하라."는 말씀의 의미를 곱씹어 볼 필요가 있다고 생각합니다. 우리는 과연 순결한가요? 그리고 지혜롭게 행동하고 있나요? 예수님은 우리에게 "너희는 세상의 빛이라"고 하셨습니다. 빛이 제대로 비치면 어둠은 자연스레 물러납니다. 레이디 가가가 어둠의 세력을 확장하고 있다면 그것은 우리가 빛을 비추지 못해서일 것입니다. 토니 에반스Tony Evans 목사님이 말한 것처럼 세상이 악하고 어두운 것은 믿지 않는 자들의 잘못이 아닙니다. 그들이 어둠의 일을 하는 것은 어떤 면에서 너무 당연합니다. 세상이 악하고 어두운 것은 레이디 가가 같은 사람들의 책임이라기보다 빛으로 부름 받았지만 그 빛을 비추지 못한 우리의 책임입니다.

레이디 가가를 어떻게 할까요? 물론 우리는 그녀에게 맹목적으로 끌려다니기를 거부하며 그녀와 같은 사람들이 사물의 가치를 마음대로 규정할 수 있는 권한을 부여하지 말아야 합니다. 그러나 레이디 가가를 어떻게 하는 가는 궁극적으로 우리의 소관이 아닙니다. 교회가 해야 할 일은 세상의 빛으로서 우리의 빛을 비추는 것입니다. 그것이 제대로 비치면 사람들은 그 빛이 레이디 가가의 무대를 비추는 현란한 조명보다 더 매력적인 것임을 알게 될 것입니다. 그러면 이런 반대 운동을 하느라 소란을 떨 필요도 없어지지 않을까요?

2012. 04. 27.

교회여,
하나님 나라를
끌어안아라

　제가 좋아하는 기독교 저술가 가운데 달라스 윌라드Dallas Willard라는 분이 있습니다. 2013년 5월, 주님 품으로 가시기 전까지 그는 미국 서부에 자리 잡은 USCUniversity of Southern California라는 명문 사립대에서 철학을 가르쳤던 교수님이자 많은 사람에게 하나님 나라를 위해 선한 영향을 끼친 기독교 지도자였습니다. 그가 쓴 『하나님의 모략』이라는 책은 제가 지금까지 읽었던 제자도에 관한 책 가운데 가장 탁월한 책으로 기억합니다. 그 책에서 그는 자신의 어린 시절 이야기를 들려줍니다.

　어려서 나는 미주리 주 남쪽 지방에 살았다. 전기라고는 번갯불밖에 없었는데 쓸데없이 무척 잦았다. 그러다 고등학교 3학년 때 우리 마을에도 전기선이 들어와 비로소 가정과 농장에서 전력을 사용할 수 있게 되었다. 농장에 전기가 들어오자 전혀 다른 생활방식이 모습을 드러냈다. 삶의 기본적인 부분 곧, 낮과 밤, 더위와 추위, 청결과 불결, 일과 여가, 음식 준비와 보관 등의 관계를 획기적으로 향상시킬 수 있게 된 것이다. 그러나 그 전에 우리는 전기와 그 설비를 믿고 이해해야 했으며 그것을 의지하는 실제적 단계를 취해야 했다.

불과 60여 년 전인데 세계에서 제일 잘 사는 나라 미국에 이런 곳이 있었다니 잘 믿어지지 않습니다. 여하튼 깜깜한 한 마을에 전기가 들어오는 획기적인 변화가 생겼습니다. 모두가 그것을 기뻐했을 것 같은데 그렇지 않았습니다. 어떤 이는 전기의 유익을 발견하고 그 새로운 세상으로 다가갔지만 다른 이들은 그것을 거부했습니다. 달라스의 말을 계속 들어보시죠.

그들이 들은 메시지는 사실상 이런 것이었다. "회개하라. 전기가 가까이 왔다." "회개하라. 석유 등잔과 횃불, 얼음통과 지하창고, 빨래판과 방망이, 손재봉틀과 건전지 라디오 따위로부터 돌아서라." 삶을 훨씬 편리하게 해줄 전력이 거기 그들 곁에 와 있었다. 조금만 적응하면 그대로 활용할 수 있었다. 그러나 이상하게도 전력을 받아들이지 않는 이들이 더러 있었다. 그들은 '전기의 나라'에 들어가지 않았다. 어떤 이들은 그저 변화가 싫었다. 경제적으로 능력이 안 되거나 적어도 그렇다고 생각한 이들도 있었다.

예수님께서 이 땅에 오셨을 때 그분은 60여 년 전 미주리의 시골 마을에 들어갔던 전기보다 훨씬 더 나은 것을 가지고 오셨습니다. 그것은 "하나님의 통치"라는 것이었고 그분은 그것을 "하나님 나라"라고 불렀습니다. 그분은 사람들이 그 나라를 받아들이길 원하셨습니다. 그래서 그분은 이렇게 외쳤습니다. "예수께서 갈릴리에 오셔서 하나님의 복음을 전파하여 이르시되 때가 찼고 하나님 나라가 가까이 왔으니 회개하고 복음을 믿으라 하시더라"(막 1:14-15). 예수님은 자신의 도래와 함께 이 땅에 새로운 나라가 임했다고 선포하셨습니다. 이전에는 그 누구도 경험하지 못했던 무언가 새로운 일이 일어나고 있으니 지금까지의 생각을 바꾸고 방향을 틀어 그것을 받아들이라고 요청하셨습니다. 비록 보이지는 않지만 "하나님의 궁극적인 능력과 임재가 인간의 삶에 수천억 와트급의 전력을 공급해주는 전선을 깔아놓으셨다"는 것입니다.

안타깝게도 사람들의 반응은 달라스 윌라드의 마을에 처음 전기가 들어갔을 때와 다르지 않았습니다. 많은 사람이 그 새로운 나라를 받아들이길 거부했습니다. 그리고 그것은 지금도 마찬가지입니다. 슬픈 것은 그리스도인 가운데도 그런 사람들이 있다는 것입니다. 물론 교회의 경우도 예외가 아닙니다. 그리고 이렇게 말하는 것이 아프지만 때로 그 사람은 우리 자신이며 그 교회는 우리의 교회이기도 합니다.

변화가 싫거나 타성에 젖은 삶을 방해받기 싫어서, 또는 아

집에 사로잡히거나 순전한 완고함으로 우리는 생각을 바꾸거나 방향을 돌이키지 않습니다. 그리고 개인적으로 또는 공동체적으로 하나님의 통치를 거부합니다. 어떤 사람이나 교회는 하나님 나라의 잠재적인 유익을 보지 못해서 그러기도 할 것입니다. 그러나 하나님의 통치만큼 우리 삶을 획기적으로 바꿔놓을 수 있는 것은 없습니다. 어두운 내 삶에 수천억 와트급의 전력이 들어오는 모습을 머릿속에 한 번 그려보십시오.

우리는 혁명적인 삶의 변화를 위해 하나님 나라를 받아들여야 합니다. 개인도 그렇지만 교회야말로 정말 그렇습니다. 위로부터 수천억 와트급의 전력이 들어올 때 비로소 교회는 세상의 빛이 될 수 있습니다. 저는 교회가 하나님 나라를 껴안을 때 교회다운 교회가 될 수 있다고 믿습니다. 그래서 우리 교회의 비전서술문도 "사랑빚는교회는 하나님과 세상과 서로에게 마음을 열고 다가감으로써 의와 평화와 기쁨의 하나님 나라를 이 땅에 실현하는 하늘빛 예수 공동체가 되고자 합니다"로 정했습니다. 교회는 장차 올 하나님 나라의 징조sign이자 이미 임한 하나님 나라의 전초기지가 되어야 합니다.

존 오트버그는 『생각보다 가까이 계시는 하나님』이라는 자신의 책에서 "하나님이 우리의 뒷마당에 침입하셔서 원하는 자들에게 그분의 임재와 능력을 베풀고 계신다."라는 말로 하나님 나라의 도래를 묘사합니다. 기억하십시오. 하나님과 그 나라가 우리 뒷마당까지 다가왔습니다. 그 나라를 받아들이지 않겠습니까? 그래서 그 임재와 능력을 마음껏 누리길 원치 않으시나요? 그랬으면 좋겠습니다. 우리 삶의 곳곳에 밝은 불이 들어오며 천국의 발전기가 힘차게 돌아가는 놀라운 축복을 우리 모두가 누릴 수 있다면 정말 좋겠습니다. 그리고 더 나아가 교회가 그 축복을 유통하는 하나님 나라의 "물류센터"가 된다면 정말 좋겠습니다.

2016. 02. 12.

6부

믿음,
어떻게
실천할까?

당신도 영웅이
될 수 있다

　　존 이글렌이라는 사람은 영국 콜체스터에 있는 한 작은 교회의 집사였습니다. 그는 일생동안 단 한 번도 설교를 한 적이 없었는데 어느 주일날 아침에 설교를 했습니다. 전혀 예기치 않은 설교였습니다. 물론 준비한 설교도 아니었습니다. 어떤 사정이 있었을까요?

　　1850년 1월의 주일 아침, 그가 잠에서 깨어났을 때 온 마을은 완전히 순백의 눈에 뒤덮여 있었습니다. 처음에 그는 집에 있을까 생각했습니다. 도저히 교회에 갈만한 날이 아니었습니다. 그러나 그는 생각을 바꾸었습니다. '집사가 교회에 가지 않는다면 누가 가겠는가?'라는 생각이 들었기 때문입니다. 그래서 그는 장화와 모자와 코트를 걸치고 10km 정도 눈길을 걸어 교회로 갔습니다.

　　당연히 교회에는 사람들이 별로 없었습니다. 열두 명의 교인과 한 명의 방문자만 있었습니다. 담임목사님마저도 폭설에 갇혀 오지 못했습니다. 누군가가 그냥 집으로 돌아가자고 제안했습니다. 이글렌은 그 제안을 받아들이지 않았습니다. 그럴 수가 없었습니다. 사람들은 예배드리기 위해 정말 험한 눈길을 뚫고 왔습니다. 게다가 십대의 방문자도 있는데 그냥 돌려보낼 수는 없었습니다.

이글렌은 예배를 드리자고 했습니다. 문제는 설교할 사람이 없다는 것이었습니다. 사람들은 예배에 참석한 유일한 집사인 이글렌에게 설교의 책임을 맡겼습니다. 설교해본 적도, 준비하지도 않았기 때문에 그의 설교는 10분 정도 만에 밑천이 드러났습니다. 설교 길이를 어떻게든 늘이려고 노력하는 가운데 설교는 종잡을 수 없이 흘러갔습니다.

그러나 설교가 거의 끝날 무렵, 무어라 규정할 수 없는 용기가 그에게서 솟아났습니다. 그날 그의 본문은 이사야서 45장 22절, "땅 끝의 모든 백성아 나를 앙망하라. 그리하면 구원을 얻으리라. 나는 하나님이라. 다른 이가 없음이니라."는 말씀이었습니다. 앙망하라는 말은 쉬운 말로 바라보라는 뜻인데 이글렌 집사는 누구든 원하기만 하면 주님을 바라볼 수 있다고 설명한 후 눈을 들고 새로 방문한 소년을 똑바로 쳐다보며 촉구했습니다. "젊은이, 예수를 바라보시오! 바라보시오!"

이런 엉성한 설교가 변화를 가져올 수 있었을까요? 당시 죄책감과 영적 혼란함으로 괴로워하다가 교회를 찾았던 그 소년은

후일 당시를 회상하며 이렇게 말했습니다. "나는 믿음의 눈으로 십자가에 달리신 예수님을 바라보았죠. 그러고 나니 내 마음속에서 구름이 걷히고 어둠이 물러갔어요. 그리고 바로 그 순간 나는 빛을 보았습니다." 이 소년이 누구일까요? 그가 바로 영감 넘치는 설교로 수많은 사람을 감화시키며 영국 전역에 큰 부흥을 가져온 찰스 스펄전Charles Spurgeon 목사입니다. "설교의 황태자"라는 별명을 받은 그 유명한 스펄전 말입니다. 당시 매주 수만 명이 그의 설교를 들었고 더 많은 사람이 신문을 통해 그의 설교문을 읽었다고 합니다. 블랙우드Blackwood 교수는 그가 "사도시대 이후의 가장 영향력 있고 가장 유능한 설교자"였다고 평가하기도 했죠. 그 대단한 스펄전이 한 집사의 엉성한 설교를 통해 하나님 나라로 들어오게 된 것입니다.

그 주일날 아침, 이글렌 집사는 자신의 설교가 이런 결과를 가져올 줄 알았을까요? 믿음으로 예수님을 바라보라고 자신이 강하게 촉구했던 그 소년이 장차 어떤 엄청난 일을 할지 그가 알고 있었을까요? 그렇지 못했을 것입니다. 그는 그저 주어진 상황 가운데서 자신이 해야 할 일을 최선을 다해서 했을 뿐입니다. 그러나 그날 아침 이글렌이 했던 일은 참으로 영웅적인 일이었습니다. 한 학생의 미래뿐 아니라 하나님 나라를 위해 큰 부흥의 문을 여는 일이었습니다. 하나님은 그날 이글렌을 하나님 나라의 영웅 명부에 포함하셨을 것이라고 저는 생각합니다.

진정한 영웅은 자신이 영웅적인 행동을 할 때 그 사실을 의식하는 경우가 별로 없습니다. 이는 이 세상에서도 하나님 나라에서도 동일합니다. 성경에 나오는 룻과 보아스 같은 평범한 영웅들을 봐도 그 사실을 알 수 있습니다. 그들은 그저 주어진 상황 속에서 믿음을 갖고 해야 할 일을 했을 따름입니다.

우리도 마찬가지입니다. 일상 가운데서 어떤 필요를 보고 믿음으로 하나님의 이끄심에 순종할 때 당신은 자기도 모르게 영웅이 될 수 있습니다. 눈을 크게 뜨고 바라봅시다. 미래의 스펄전이 당신의 교실에 앉아 있거나 당신의 가게에서 아르바이트를 할 수 있습니다. 당신의 회사 옆자리에 앉아 사무를 보거나 당신의 옆집에 살 수도 있습니다. 당신은 자기도 모르는 사이 그의 영원한 운명을 바꾸거나 그에게 영감을 주는 영웅적 행위를 할 수 있습니다. 믿음의 눈으로 하나님을 바라보며 그분의 이끄심에 따라 주어진 상황에서 무언가 해야 할 일을 할 때 하나님 나라를 위한 엄청난 영웅적 역사가 당신을 통해 이루어질 수 있습니다. 그렇습니다. 당신도 영웅이 될 수 있습니다.

2014. 06. 17.

가장 먼 두 번의 여행

신영복 교수의 서화 에세이집 『처음처럼』에 실린 짧은 글입니다.

> 인생의 가장 먼 여행은
> 머리부터 가슴까지의 여행이라고 합니다.
> 냉철한 머리보다 따뜻한 가슴이
> 그만큼 더 어렵기 때문입니다.
> 그러나 또 하나의 가장 먼 여행이 있습니다.
> 가슴부터 발까지의 여행입니다.
> 발은 실천입니다.
> 현장이며 숲입니다.

짧지만 긴 여운을 남기는 글입니다. 진리를 발견했다고 자처하는 크리스천으로서 자신을 돌아보지 않을 수 없는 글입니다. 생각해보면 저의 신앙은 많은 경우 그냥 머리에 머물러 있는 차원이 아닌가 싶어 고통스럽습니다. 안다고 하지만, 그래서 때로 시끄러운 소리도 내 보지만 가슴에 뿌리를 내리지 못한 공허한 지식으로 남아있는 것이 아닌지 두렵기도 하고 부끄럽기도 합니다.

여행을 해야겠습니다. 인생의 가장 먼 여행이라고 하니 쉽지는 않겠지요. 그러나 자기를 살피는 겸손한 태도와 말씀에 생기를 불어넣는 거룩한 상상력으로 머리부터 가슴까지의 여행을 떠나야겠습니다.

다른 사람에게 손가락질하지 않고 주의 산만하지도 않고 자신을 정당화시키지도 말아야겠습니다. 두렵지만, 불편하지만, 그럼에도 불구하고 질릴 정도의 정직함과 냉정함으로 자신을 바라봄으로써 이 여행을 준비하겠습니다. 제 안에 있는 교만과 냉소와 과도한 자의식 같은 독기를 빼주시라고 간구하겠습니다. 세상과 타인에 대해서는 가능한 한 따뜻한 시선을 가지게 해 달라고도 기도하겠습니다. 그리고 길을 나서겠습니다. 기필코 목적지에 도달할 때까지 말입니다.

신 교수가 언급한 또 하나의 먼 여행은 지금 단계에선 생각하기조차 쉽지 않습니다. 가슴에 담긴 것이 별로 없어 발까지 내려보낼 것도 많지 않은 것 같습니다. 사실 늘 실천의 결여에 대해 고민해왔었습니다. 게으른 영성에 대한 죄책감도 참 아픕니다. 발은 실천이며 현장이며 숲이라는데 나의 영성은 애써 현장을 피해 상아탑 속에 안주하지 않았는지 돌이켜봅니다. 손발이 묶인 신앙은 어떤 면에서 없는 것보다 더 나쁜 것이라고 생각합니다. 그것은 우리의 주님이신 예수님을 우스개로 만들고 복음을 조롱거리로 만듭니다. 그것은 교회를 종이호랑이로 만들고 우리를 위선자로 만듭니다.

해서 가슴에서부터 발까지의 이 여행도 시급합니다. 비록 가슴에 담긴 것이 많지 않다고 하더라도 당장 여행을 시작해야겠습니다. 비장한 결심과 거룩한 모험정신으로 길을 떠나야 하겠습니다. 미루지 말고 핑곗거리를 찾지 말고 너무 많은 준비로 시간을 허비하지도 말고 급히 겉옷을 걸쳐 입고 운동화 끈을 조이고 나의 안전지대를 벗어나야 하겠습니다. 거창한 구호를 부르짖거나 큰 비전 운운하며 허세 부리지 않고 작더라도 일단 제가 할 수 있는 한 걸음을 떼겠습니다. 물론 인생의 가장 먼 여행임을 잊지 않겠습니다. 절대 호락호락한 여행이 아님을 기억하고 각오를 다지겠습니다. 졸지도 주무시지도 아니하시는 나의 하나님께 도움을 구하겠습니다. 실족치 않게 해달라고 기도하며 힘들 때마다 그분을 향하여 눈을 들겠습니다. 기필코 목적지에 도달할 때까지 말입니다.

만물이 기지개를 켜며 만 가지 생명의 빛깔로 깨어나는 축복의 계절입니다. 인생의 가장 민 두 빈의 여행을 떠나기에 이보다 더 좋을 때는 없어 보입니다. 당신이 동행한다면 여행은 어쩌면 놀이처럼 여겨질지 모릅니다. 우리는 훨씬 즐겁고 안전하게 이

여행을 할 수 있을 것입니다. 포기하거나 실족할 위험이 줄게 될 것은 말할 필요도 없거니와 우리는 혼자일 때와는 비교할 수 없이 더 많은 것을 보고 배우며 경험하게 될 것입니다. 지혜자의 말처럼 하나가 넘어지더라도 다른 "하나가 그 동무를 붙들어 일으킬 것"이며 한 사람보다 두 사람이 함께 "수고함으로 좋은 상을 얻을 것"이 분명할 테니까요.

생각해보면 기독교 영성이란 그리 복잡한 것이 아닙니다. 그 것은 두 번의 가장 먼 여행을 떠나는 것입니다. 때론 넘어지기도 하고 방향감각을 잃기도 하며 힘이 빠지기도 하겠지만 계속 가는 것입니다. 서로 격려하며 함께 가는 것입니다. 기필코 목적지에 도달할 때까지 말입니다.

2007. 03. 03.

예상을 깨는 하나님

제 친구 목회자 한 사람으로부터 개척교회를 시작한다는 메일을 받았습니다. 신학생 시절부터 거의 30년을 알아 온 친구입니다. 명문 대학을 졸업하고 두 곳의 미국 신대원에서 박사 과정을 밟은 엘리트입니다. 미국 신학대학원의 교수 생활을 오래 한 학자요, 탁월한 설교자입니다. 목사님의 자제이기도 합니다. 목회자로서 품위가 있고 지적이며 신사라는 단어가 딱 어울리는 사람입니다. 이런 표현이 어떨지 모르지만 약간 귀족 느낌이 드는 친구입니다.

본인에게 직접 이런 말을 한 적은 없지만 저는 이 친구가 개척교회를 하게 되리라는 생각을 꿈에도 해 본 적이 없습니다. 목회자도 나름의 유형이 있는데 개척교회를 할 타입은 전혀 아니라고 생각했습니다. 신학교 교수를 그만두고 담임목회의 길에 나선다면 상당히 사이즈가 있는 교회를 하리라고 생각한 적은 있었습니다. 그를 아는 다른 이들도 그가 개척교회를 할 유형의 목사는 아닐 것이라고 생각했을 것입니다. 아마 본인도 자신이 교회를 개척하리라고 생각진 않았을 것입니다.

그런데 그런 그가 교회를 개척한다고 합니다. 미국에서 수십 년간 교수 생활을 한 그가, 그것도 50대 후반의 이 시점에 개척 목회를 하겠다는 것입니다. 누구도 예상하지 못했던 일이었습니다.

그 소식을 듣고 여러 가지 생각이 떠올랐습니다. 그 친구가 대단한 결단을 했다는 생각을 하면서 '나 같으면 그렇게 할 수 있을까?' 스스로 질문을 던지기도 했습니다. 그 나이에 안전지대를 떠나 새로운 시도를 하는 그의 마음은 어떨까 하는 생각도 들었습니다.

그러나 이번 일을 통해 가장 제 생각을 사로잡았던 것은 바로 그 친구를 개척 목사로 불러낸 하나님이셨습니다. 우리 모두의 예상을 깨는 그 하나님 말입니다. 성경을 보면 하나님은 그런 일을 참 잘 하셨습니다. 번성하는 도시에서 기반을 잡고 안정된 생활을 하던 아브람이라는 75세의 전직 우상 숭배자를 갑자기 불러내어 가나안 땅으로 이민을 시키고 그를 이스라엘의 조상이 되게 하셨습니다. 누구도 생각하지 못했던 일이었습니다. 한갓 목동인 10대의 다윗을 이스라엘의 2대 왕으로 세우시고 메시야의 조상이 되게 하셨습니다. 이는 선지자 사무엘이 장래 왕을 찾기 위해 다윗의 집에 왔을 때 그 아버지인 이새가 후보자로 보여주지도 않을 정도로 예상치 못한 선택이었습니다. 교회의 가장 강력한 핍박자요 열혈 바리새주의자인 바울은 또 어땠습니까? 놀랍게도 하나님은 그를 교회 역사상 가장 위대한 선교사로 부르셨습니다. 그렇게 되리라고 누가 꿈엔들 생각했겠습니까?

하나님은 우리의 예상을 뛰어넘어 일하십니다. 그분은 우리의 생각과 계획에 갇히지 않으십니다. 인간적인 상식과 트렌드와 통계수치와 뻔한 예측대로 가시지 않습니다. 저만 하더라도 제가 목사가 된다거나 또는 산본에 와서 살며 사랑빛는교회의 목회자가 되리라고 한 번도 예측하거나 계획해본 적이 없습니다. 그렇습니다. 하나님은 누구도 상상하지 못했던 일을 하실 수 있습니다. 그래서 예수 믿는 인생이 흥미진진한 것입니다.

'내 인생은 이제 그냥 이런 식으로 흘러갈 거야!' '새 일을 시작하기엔 나이가 너무 많아!' '우리 가정의 미래는 뻔해!' '우리 교회는 아마 요 정도 수준에 늘 머무를 거야!' 그렇게 생각하십니까? 하나님은 뭐라고 하실까요? 한때 유행했던 개그맨 박영진 씨 버전으로 하면 '그건 니 생각이고~' 그러시지 않을까요? 아마 하나님은 지금 우리가 상상도 하지 못 하는 일을 계획하시며 틀에 박힌 생각이나 하고 있는 우리를 향해 웃고 계실지 모릅니다.

우리의 예상을 깨는 하나님을 기대하면 좋겠습니다. 그리고 그 하나님이 우리를 부르시고 이끄실 때 믿음과 순종으로 반응하기 바랍니다. 그러면 인생은 언제나 "기대만땅"의 신바람 나는 모험이 될 수 있을 것입니다. 사실 75세의 노인을 불러 지구상에 없던 완전히 새로운 나라를 만드신 분이 무슨 일이든 못하겠습니까?

그래서 50대 후반에 개척 교회를 시작하는 그 친구에 대해 걱정보다는 기대감이 더 드는 것입니다. 그뿐만 아니라 안전모드로 전환하고픈 유혹을 받는 저 자신에 대해 다시 채찍을 가하는 것입니다. 인생을 내 작은 계획안에 가두지 말고 움킨 손에서 힘을 빼며 유연하게 가자고! 언제나 예상외의 일이 일어날 수 있음을 알고 하나님 바라보며 순종하자고!

물론 예상을 깨는 부르심이나 새로운 이끄심에 순종하는 것이 언제나 쉽지는 않습니다. 저는 지금 이 글을 쓰면서도 하나님이 혹시 예상을 깨고 이 나이에 개척하라고 부르실까 봐 살짝 겁이 납니다. (설마 그러시지야 않겠죠~ ㅎㅎ) 그러나 두려움을 극복하고 순종으로 반응하면 하나님 수준에 맞는 흥미진진한 인생이 펼쳐질 수 있을 것입니다. 힘들 순 있지만 결코 지루하진 않고, 불편할 수 있지만 심장이 펄떡펄떡 뛰는 그런 삶 말입니다!

기억합시다. 누구든, 어떤 상황에 처해있든, 얼마나 나이가 많든, 과거에 어떤 실수를 했든 우리는 예수 그리스도 안에서 인생에 대해 무언가 새로운 기대를 할 수 있습니다. 언제나 꿈꿀 수 있고 언제나 살아있을 수 있습니다. 제대로 반응만 한다면 우리는 판에 박힌 듯한 진부함과 답답함에서 벗어나 전혀 생각하지 못했던 신바람 나는 삶을 살 수 있습니다. 우리에게는 예상을 넘어 일하시는 하나님이 계시기 때문입니다.

2015. 08. 06.

나이스 트라이!

지난주 우리 식구는 간만에 외식하러 나갔습니다. 아이들이 특별히 좋아하는 샤브샤브 집이 있어서 그쪽으로 차를 몰았습니다. 가는 도중에 우리는 새로 생긴 샤브샤브 집을 홍보하는 대형 현수막을 창문으로 보았습니다. 아내가 상당한 흥미를 느끼고는 –아마도 신장개업한 그 집의 저렴한 가격이나 개업선물 때문에– 그 식당에 가보자고 제안했습니다. 그러나 아내의 말이 떨어지기가 무섭게 아이들은 고개를 흔들며 강한 거부의 뜻을 분명히 밝혔습니다. 아내가 짐짓 심각한 표정을 지으며 압박을 가했습니다. "그러면 너희들은 새로 생긴 식당의 음식이 아무리 맛있어도 결코 그 맛을 보지 못하게 돼." 그러자 "상관없어요."라는 딸아이의 시큰둥한 대답이 돌아왔습니다. 결국 우리는 그 식당을 가지 않았고 그곳의 음식과 서비스를 경험하지 못했습니다.

무엇인가를 새롭게 시도하는 것은 쉬운 일이 아닙니다. 대부분의 사람에게는 안정희구 적인 경향이 있기 때문에 우리는 익숙한 것에 안주하기를 좋아합니다. 새로운 시도의 불편함과 어색함은 생각만 해도 싫습니다. 거기다 새로운 시도에는 언제나 위험부담이 따릅니다. 기대하던 결과를 못 얻거나 실패할 수 있고 해를 당할 수도 있습니다. 그래서 우리는 아무것도 하지 않거나 언제나 하던 대로 과거의 방식을 답습하는 데 그칩니다. 물론 그것은 안전을 줍니다. 그러나 그렇게 살면 발전도 없습니다. 우리는 정체되고 결국 고인 물처럼 썩게 될 것입니다. 새로운 것을 시도하는 데는 실패의 위험이 분명히 있습니다. 그러나 동시에 진보의 가능성도 있습니다. 잘하면 대박도 터뜨릴 수 있습니다. 그래서 오늘날 번성하는 기업이나 집단들은 다 새로운 시도를 최고의 덕목으로 장려합니다.

포스트모던 시대, 혁신적 경영의 대가 탐 피터스Tom Peters는 자신의 책 『혁신의 원』The Circle of Innovation에서 실리콘 밸리의 성공비결을 열거하고 있는데 그 가운데는 실패에 대한 관용, 모험의 추구, 변화에의 열정 등이 포함되어 있습니다. 그 모두가 새로운 시도를 장려하는 것과 연관된 요소들입니다. 타임워너사의 CEO였던 스티브 로스는 "우리 회사에서는 실패하지 않으면 해고됩니다"라고 말하기까지 했습니다. 실패해도 괜찮으니까 실패를 두려워하지 말고 자꾸만 무언가를 시도해보라는 뜻이겠지요.

미국유학 시절 친구들과 테니스를 치면서 배운 용어 중에 "나이스 트라이!nice try"라는 것이 있습니다. 저는 그 말이 참 마음에 들었습니다. 이 말은 예를 들어 제가 과감하게 발리를 시도했는데 네트에 걸리거나 라인 밖으로 공이 나가버릴 경우 들을 수 있는 말이었습니다. 결과만 보면 잘못 친 것이고 실패한 것입니다. 그러나 그들은 결과보다 시도 자체를 칭찬해주었습니다. 그래서 저는 또 다른 트라이를 할 용기를 갖게 되었습니다. 성공하면 좋고 설사 그렇지 않다고 할지라도 그것은 "나이스 트라이" 이기 때문입니다.

복음서를 보면 베드로가 물 위를 걷다가 빠지는 기사가 있습니다. 이 말씀을 가르치는 많은 설교자가 베드로의 실패에 초점을 맞춥니다. 베드로가 물에 빠진 것은 믿음이 없었기 때문이라고 말합니다. 예수님에게 시선을 고정시키지 못하고 주변의 파도와 풍랑을 보았기 때문이라고 지적합니다. 그 지적은 틀린 말이 아닙니다. 그러나 우리가 간과하지 말아야 할 것은 베드로가 이 세상의 그 누구도 하지 못한 시도를 했다는 사실입니다. 베드로는 풍랑 이는 바다를 걸어오신 예수님께 자기를 불러 바다를 걷게 해 달라고 요청했고 과감하게도 보트를 나와 사납게 요동치는 갈릴리 바다에 발을 디디는 시도를 했습니다. 비록 결국에는 물에 빠졌지만 베드로는 참으로 "나이스 트라이"를 한 것입니다. 그 놀라운 시도로 인해 그는 예수님을 제외하고 인류역사상 최초로 물 위를 걷는 전무후무의 기적을 경험한 사나이가 되었습니다.

인생의 다른 영역에서도 그렇지만 신앙의 진보는 "나이스 트라이"가 많을 때 이루어집니다. 안전모드로 살면서 아무런 새로운 시도도 하지 않고 현상유지만을 하려 한다면 우리는 한 발짝도 앞으로 나가지 못하고 언제나 그 자리에 있을 것입니다. 더 이상 성장하지 못하고 늙어갈 것입니다. 나이를 먹고 연륜이 쌓이면서 타성에 젖기가 얼마나 쉬운지요? 새로운 시도의 모험보다 관습과 구태의 편안함에 안주하려는 유혹은 얼마나 강한지요? 우리는 굳게 결심하고 이 타성에서 벗어나야 합니다. 이를 악물고 이 유혹을 뿌리쳐야 합니다.

자, 스스로 질문해보십시오. '새로운 시도를 마지막으로 한 적이 언제였는가? 그것이 무엇이었는가? 왜 나는 그 이후 아무 새로운 시도도 하지 못했는가? 지금 내가 할 수 있는, 아니 해야만 하는 시도는 무엇인가?' 기억하기 바랍니다. 위험부담이 있지만, 결과를 예측할 수 없지만 과감히 무언가를 해야 성장과 발전을 경험할 수 있습니다. 물론 실패할 수 있습니다. 그러나 때때로 베드로처럼 물 위를 걷는 엄청난 경험을 할 수도 있습니다. 전에 한 번도 해보지 않았던 순종, 헌신의 행위, 믿음의 시도를 해보기 바랍니다. 모든 창의성과 상상력을 동원해서 용기와 열정을 가지고 말입니다.

지난 두 달 사이 저는 주일 아침에 설교를 하면서 나름대로 몇 번의 새로운 시도를 해보았습니다. 한번은 결론에서 가수 양희은의 노래를 —스크린에 가사를 띄우면서— 성도들에게 들어주려 했고 또 한 번은 사진으로 어떤 그림들을 보여주면서 설교를 시작하기도 했습니다. 2주 전인가는 핀 마이크를 사용해서 강대상에 얽매이지 않고 자유롭게 말씀을 전하려 한 적도 있습니다. 미리 점검하고 연습도 했지만 모든 시도는 다 실패했습니다. 양희은의 노래는 1절만 조금 나오다가 중단되었습니다. 신시사이저의 반주와 함께 스크린에 걸린 사진의 그림은 너무 천천히 바뀌었고 의도했던 것처럼 그리 감동적이지도 않았습니다. 핀 마이크는 하울링이 생겨서 중간에 누군가가 꺼버렸는데 저는 그 사실도 모르고 계속 강대상을 벗어나 설교를 했습니다. 기대했던 결과를 얻지 못했으므로 기분이 좋지 않았고 순간적으로 약간 낙심이 되려고도 했습니다. 그러나 저는 기운을 되찾았고 새로운 마음으로 설교단에 올라갔습니다. 제 속에서 누군가가 "나이스 트라이!"라고 외치는 소리를 들었기 때문입니다.

2007. 10. 01.

겨우 그것에
목숨을 걸겠습니까?

지난 월요일 아침, 영동고속도로를 타고 신학교로 가면서 우연히 도로 옆의 어느 방음벽에 걸린 커다란 현수막을 보았는데 거기 적힌 문구가 눈을 뚫고 들어왔습니다. 그것은 "겨우 졸음에 목숨을 걸겠습니까?"라는 것인데 그 누구도 놓칠 수 없을 만큼 큰 글씨로 적혀 있었습니다. 요즘 빈번히 일어난다는 졸음운전과 연관된 사고를 방지하기 위해 그 현수막을 걸어놓은 것 같았습니다. 마침 숨 가빴던 주중 사역과 주일 사역으로 인한 피로가 채 가시지 않아 슬슬 졸리려고 하는 시점에 그 현수막은 일종의 경고문처럼 제게 다가왔습니다. 저는 그것을 읽으며 "그래, 겨우 졸음에 목숨을 걸 순 없지! 절대 그러지 않을 거야."라고 혼잣말을 했습니다.

저뿐 아니라 그 누구도 졸음 따위에 목숨을 걸 사람은 없을 것입니다. 만약 누군가에게 "겨우 졸음에 목숨을 걸겠습니까?"라고 묻는다면 아무도 그럴 것이라고 대답하지 않을 것입니다. 졸음운 전으로 목숨을 잃은 사람들을 다시 불러내어 물어본다 하더라도 거기에 목숨을 걸 의도는 추호도 없었다고 대답할 것이 뻔합니다.

그럼 왜 그런 일이 일어날까요? 아무도 그럴 의도가 없는데 왜 실제로 겨우 졸음에 목숨을 거는 안타까운 일들이 일어나고 있는 것일까요? 그것은 사람들이 자신의 의도와는 다른 선택을 하기 때문입니다. 생각해보십시오. 졸음 따위에 목숨을 걸 의도는 없지만 그런 결과를 유발하는 선택을 우리는 계속해서 합니다. 잠을 잘 자지 않고 피곤에 쩐 삶을 계속 살면서 운전을 하거나 음주로 인한 숙취가 남아 있는데도 운전대를 잡는 것입니다. 졸음이 몰려오는데도 불구하고 갓길에 차를 세워 잠시 쉬거나 휴게소에 들러 잠깐 눈을 붙이는 등의 조치를 취하지 않고 그냥 미련하게 반쯤 감은 눈으로 차를 몰고 가는 것입니다.

우리의 좋은 의도는 사고를 막는 필요조건이 될진 모르겠지만 충분조건은 아닙니다. 의도만으로는 결코 불행한 결과를 막을 수 없습니다. 정말 필요한 것은 그 의도에 걸맞은 선택입니다. 그게 따라주지 않는 의도는 공허하기 짝이 없고 아무 결과도 이루어내지 못합니다.

그리스도인들을 포함한 많은 사람이, 앞에서 언급한 현수막의 표현을 빌자면, 겨우 돈이나 성공, 안락한 삶이나 순간적인 쾌락 따위에 절대로 목숨을 걸지 않을 것이라고 생각합니다. 우리의 의도는 그런 것들을 넘어 보다 가치 있고 영구한 무언가에 목숨을 거는 것입니다. 특별히 "지금 여기"만의 프레임을 넘어서는 세계관과 신앙을 가진 그리스도인들은 하나님 나라를 위해, 복음을 위해, 신적 사명을 위해, 예수님의 희생으로 세워진 교회를 위해 살기를 원합니다. 대부분의 참 그리스도인에게는 그런 의도가 있을 것입니다.

그러나 문제는 우리의 선택이 종종 그 의도와는 다르게 행해진다는 데 있습니다. 매일의 선택과 결정이 그 좋은 의도와 부합되지 않고 오히려 그 의도를 방해하는 쪽으로 이루어지는 것입니다. 그래서 우리는 안타깝게도 우리가 살기 원하는 그 삶을 살지 못하는 결과에 봉착합니다.

질문해보십시오. 당신은 겨우 돈이나 성공 따위에 목숨을 걸겠습니까? 겨우 60평짜리 럭셔리한 아파트나 외제 자동차 따위에, 10초만 지나가면 후회할 쾌락 따위에, 조석으로 바뀌는 사람들의 평가와 인정 따위에 정말 하나밖에 없는 소중한 목숨을 걸겠습니까? 아니라면 당신은 무엇을 위해 살겠습니까? 무엇에 목숨을 걸겠습니까? 당신의 의도는 정말 무엇입니까?

그리고 더 중요한 질문은 이것입니다. 당신은 당신의 의도에 걸맞은 선택을 하고 있습니까? 지금 당신이 매일 내리는 재정적인, 관계적인, 시간적인, 도덕적인 선택이 당신의 의도와 같은 방향으로 향하고 있습니까? 아니면 그 반대 방향을 향하고 있나요? 기억하십시오. 의도가 다는 아닙니다. 실제적인 선택이 중요합니다. 이는 운전을 할 때건 다른 삶의 영역에서건 차이가 없습니다.

의도가 아니라 우리가 매일 내리는 작은 선택들이 우리의 삶을 만들어간다는 이 엄연한 사실을 반드시 기억하면 좋겠습니다. 소리 내어 다음의 문장을 한번 읽어보면 어떨까요? "의도가 아니라 선택이 내 삶을 만든다!" 그렇습니다. 의도가 아니라 실제적인 선택이 우리의 삶을 만듭니다.

2015. 04. 17.

영혼을 깨우는 알람

몇 년 전에 참석했던 리더십 세미나에서 들었던 이야기입니다. 그때 강사로 오셨던 미국의 한 목사님은 하나님을 생활 속에서 잊지 않기 위해 휴대폰으로 알람을 맞춰놓았다고 합니다. 본인만 그런 것이 아니라 전체 교회에 알려 전교회 적인 캠페인을 했다는 것입니다. 그래서 하루에 몇 번, 정해진 시간에 알람이 울리면 다른 일을 하다가도 하나님을 떠올리지 않을 수 없게 했습니다. 정신없이 살다가도 알람이 울리면 '아, 지금 이 순간에도 하나님이 여기 계시지'라고 상기한다는 것입니다. 보통 알람은 잠을 깨우기 위해 맞춰놓는데 이런 알람은 영혼을 깨우기 위한 알람이라고 해도 무방할 것입니다.

한번은 이 목사님이 가족 여행을 떠났습니다. 모처럼의 가족 여행이라 엄청 기대가 컸습니다. 더 많은 곳을 둘러보고 더 많이 즐기기 위해 여행스케줄을 촘촘히 잡아놓았다고 합니다. 그런데 유감스럽게도 자녀들이 협조하지 않았습니다. 첫 번째 여행지에 도착해서 관광을 하고 잠자리에 들었습니다. 그리고 그다음 날 일찍 일어났습니다. 갈 곳이 많았기 때문입니다. 그런데 10대 아이들이 일어나지 않고 늦장을 부렸습니다. 아이들을 깨우고 실랑이를 하면서 화가 치솟기 시작했습니다. 시간은 자꾸 가고 가족들은 안 움직이니 자신의 여행 계획이 제대로 실행되기 어려워진 것입니다. 아이들에게 소리를 질렀습니다. 사모님에게도 화를 냈습니다. 이렇게 할 것 같으면 차라리 돌아가자고 거칠게 내뱉으며 가방을 끌고 나오려 했습니다. 바로 그 순간에 알람이 울렸습니다.

이 목사님은 그 소리를 무시할 수 없었습니다. 그것은 마치 하나님께서 '내가 여기 있는데 너는 내 앞에서 지금 뭘 하고 있니?'라고 말씀하시는 것 같았습니다. 그렇게 하나님을 인식하게 되자 제정신이 들었습니다. 더 많은 곳을 둘러보는 게 중요한 것이 아니라 가족과 더 따뜻하고 친밀한 시간을 보내는 것이 중요하다는 깨달음이 들었습니다. 그것이 가족 여행의 진정한 목적이었습니다. 그래서 그분은 먼저 하나님 앞에 회개한 후 아내와 자녀들에게도 진심을 다해 사과했습니다. 가족 간에 웃음이 회복되었고 다시 즐거운 시간을 보낼 수 있게 되었다고 했습니다.

우리는 종종 하나님을 잊고 삽니다. 교회에서 예배드릴 때는 그래도 하나님을 생각하지만 삶의 현장에 나가서 일을 하거나 공부를 하거나 사람들을 만날 때 하나님을 잊어버립니다. 그래서 마치 하나님이 계시지 않는 것처럼 행동합니다. 내 기분대로 말하고 내 뜻대로 움직입니다. 실질적인 무신론자가 되는 것입니다. 그럼으로써 하나님을 내 삶에서 제외하고 그분을 실제로 경험하지 못하는 안타까운 결과를 맞게 됩니다. 우리 삶에는 문제가 생기지 않을 수 없고 우리는 믿는 사람답게 살지 못합니다.

러시아의 작가 알렉산더 솔제니친은 어릴 때 자기 나라가 공산화되는 비극을 경험했습니다. 그때 그의 할머니가 했던 말이 평생 그의 마음에 남았다고 했습니다. 그것은 "사람들이 하나님을 잊어버렸어. 그래서 이 모든 일이 일어난 거야."라는 한탄이었습니다. 하나님을 잊고 살면 개인적이든 공동체적이든 그 삶에 문제가 생기지 않을 수 없습니다.

우리는 하나님을 잊어버리지 말아야 합니다. 생각해보십시오. 하나님은 얼마나 중요한 분입니까? 특별히 그리스도인인 우리에게 그분은 생명의 은인이요, 삶의 주관자가 되시는 분입니다. 그분처럼 중요한 분을 잊어서는 안 되는데, 언제나 의식해야 하는데 안타깝게도 우리는 잘 그러지 못합니다. 특별히 큰 문제가 없고 적당히 살만할 경우 우리는 너무 쉽게 하나님을 잊는 경향이 있습니다. 일이 잘 될 때는 더 말할 것도 없습니다. 모세는 젖과 꿀이 흐르는 가나안 땅 입성을 앞에 둔 이스라엘 자손들에게 하나님을 잊지 말라며 이렇게 당부합니다. "오늘 내가 당신들에게 전하여 주는 주님의 명령과 법도와 규례를 어기는 일이 없도록 하고 주 당신들의 하나님을 잊지 않도록 하십시오"(신 8:11). 모세의 이 애끓는 부탁이 오늘 우리의 귀에 들렸으면 좋겠습니다.

하나님을 의식하며 살아갑시다. 사실 하나님을 의식하기만 해도 많은 문제가 해결될 수 있습니다. 그분을 의식하면 우리는 잊고 있었던 그분의 임재를 인식할 수 있게 되며 그로 인해 그분의 뜻과 말씀을 더 잘 순종할 수 있을 것입니다.

이제 의식적으로 그분을 생각나게 하는 훈련에 돌입하면 어떨까요? 앞에서 언급한 목사님이 그랬던 것처럼 알람을 맞추어 보는 것도 좋을 것 같습니다. 영혼을 깨우는 그 알람 말입니다. 요즘 인기 있는 《태양의 후예》 송중기식 표현으로 가볼까요? '그 알람, 하나님을 생각나게 하는 알람이지 말입니다.'

2016. 04. 14.

사실은 내 집이었다!

　제가 섬기는 학교의 총장님에게서 아주 흥미로운 이야기를 하나 들었습니다. 쌍용 화보에 실렸던 이야기라고 합니다.

　퇴임을 앞두고 있던 건설회사 부장이 있었습니다. 사장은 그에게 회사를 떠나기 전에 마지막으로 집을 하나 지어달라고 부탁했습니다. 그의 마지막 건축물이 될 집이었습니다. 그 부장은 별다른 열정이 생기지 않았습니다. 조금 있으면 은퇴할 것인데 좀 귀찮다는 생각마저 들었습니다.

　그래도 사장의 부탁을 받았으므로 그는 그 집의 건축에 착수했습니다. 하지만 제대로 일을 하지 않았습니다. 일단 그는 좋은 자재를 쓰지 않았습니다. 싸고 부실한 자재를 사용해서 지었습니다. 기술력도 최대한 발휘하지 않았습니다. 그냥 대충대충 했습니다. 기간도 단축시켰습니다. 충분한 시간을 들이지 않았던 것입니다. 물론 감수도 규정대로 하지 않았습니다. 모든 것을 설렁설렁 한 것입니다.

건축을 다 마친 후 사장이 그를 찾아왔습니다. 사장은 그에게 수고했다고 말한 후 그 집을 바라보았습니다. 그리고는 그에게 이런 말을 했습니다. "저 집은 내가 자네의 은퇴 선물로 주려고 짓게 한 집이라네. 저 집은 이제 자네 걸세. 퇴임 후 저 집에서 잘 지내시게나!"

그 부장의 당황스러운 표정이 눈에 떠올랐습니다. 후회와 자책과 부끄러움과 스스로에 대한 분노가 뒤섞인 그의 마음 상태를 짐작해보았습니다. 자기 꾀에 넘어간 셈입니다. 자기 잇속을 챙겨 똑똑한 짓을 한다고 했지만 사실은 바보짓이었습니다.

이 건축회사 부장의 이야기를 들으면서 여러 가지 생각이 떠올랐습니다. 목회자로서 하나님께서 맡겨주신 일에 끝까지 신실해야겠다는 생각이 그 하나였습니다. 내 한 몸 편해지자고 잔꾀 부리지 말아야겠다는 생각도 들었습니다. 근시안적이고 자기중심적으로 매사를 판단하고 선택해선 안 되겠다는 반성도 했습니다.

그런데 그런 생각과 함께 '내가 지금 남의 일이라고 생각하는 것이 사실은 내 집을 짓는 일이구나'라는 깨달음이 들었습니다. 내 돈과 시간을 들여 누군가를 돕는 일, 꼭 그러지 않아도 되지만 상심한 누군가를 찾아가서 격려하는 일, 학생들의 하소연을 들어주는 일, 때로는 누군지도 모르는 선교지의 영혼을 위해 헌금하고 기도하는 일, 그런 것들이 때론 낭비 같고 때론 내 삶과 아무 상관이 없는 것처럼 느껴지지만 사실은 인생이라는 내 집을 짓는 일임을 깨닫게 되었습니다. 그리고 더 나아가 그것들이 나의 영원한 집을 짓는 재료가 될 수도 있겠다는 생각이 들었습니다.

혹시 "공부해서 남 주나?"라는 말을 들어보았나요? 우리가 학생 때는 정말 많이 들었던 말입니다. 공부하면 그 보상을 다 내가 누리는 만큼 열심히 공부해야 한다는 뜻입니다. 기독교적인 관점에서 봤을 때 상당히 이기주의적인 동기부여가 아닐 수 없습니다. 그런데 누군가가 그것을 "공부해서 남 주자."로 바꿔야 한다고 말했습니다. 자기만 생각하지 말고 공부의 결과로 오는 좋은 것들을 다른 사람들과 나누자는 것이지요. 저는 그 제안이 너무 마음에 들었습니다. "공부해서 남 주자"는 말, 정말 멋지지 않나요? 적어도 그리스도인이라면 이런 동기로 공부하고 자녀들에게도 그렇게 도전해야 한다고 생각합니다. 저처럼 이 말에 영감을 받은 어떤 그리스도인은 한발 더 나아가 자기 페이스북에 "벌어서 남 주자."라는 문구를 새겨놓기도 했습니다. 그런데 그렇게 남을 주는 것들이 그냥 주고 없어지는 것이 아님을 건설회사 부장의 이야기를 통해 깨닫게 됩니다. 아니 오히려 그것이야말로 내 집을 짓는 재료가 될 수 있음을 알게 된 것입니다.

누군가를 섬기는 것이 힘드십니까? 내 것을 조금 나눠주는 것이 너무 아까운가요? 하나님께서 하나님의 나라와 그 백성을 위해 하라고 하신 어떤 일이 부담스러운가요? 나와는 아무 상관 없다는 생각이 드십니까? '다른 사람 좋을 일을 그렇게까지 열심히 할 필요가 있나?'라는 투덜거림이 입가에 머물고 있습니까? 그것은 바로 당신의 집을 짓는 일입니다. 하나님께서 당신에게 그 집을 선물하시고 싶어 합니다. 그러므로 그 일에 최선을 다하지 않겠습니까?

낙심한 자들을 격려하며 작은 선물을 건네는 일, 가난으로 꿈까지 잃어버린 아이들에게 편지하고 그들을 후원하는 일, 교회당 화장실을 청소하고 주차를 도와주는 일, 배고픈 교회 식구들을 위해 많은 양의 밥을 짓고 설거지하는 일, 아픈 사람을 심방하는 일, 교회의 기도실에서, 아무도 보지 않는 그 거룩한 공간에서 누군가를 마음에 품고 중보기도 하는 일, 남의 자녀들을 맡아 하나님의 사랑과 말씀을 나눠주며 섬기는 일…. 이 모든 일은 바로 당신의 집을 짓는 일입니다. 최고의 열정과 최선의 섬김으로 이 일을 감당한다면 당신의 집은 가장 견고하고 아름답게 지어질 것입니다. 그리고 당신은 그 모든 혜택을 영원토록 누릴 수 있을 것입니다.

2015. 03. 13.

7부

하나님,
어떻게
누리나?

부정否定의 힘

『레몬, 레모네이드를 꿈꾸다』라는 제 책을 읽고 그 책의 첫 장을 왜 "부족감이라는 이름의 레몬"으로 시작했는지 아쉬워하던 독자가 있었습니다. 좀 더 강력하고 감동적인 내용의 주제로 책의 첫 장을 장식해야 했었다고 그는 안타까워했습니다. 그 말을 듣고 생각해보았는데 저 자신도 왜 그 주제로 책을 시작했는지 정확히 그 이유를 규명할 순 없었습니다. 그냥 그러고 싶어서 그랬겠지요. 어쩌면 당시 제게 가장 절실했던 문제가 부족감이어서 그랬을지도 모르겠습니다.

그 책을 내고 여러 해가 지난 지금도 저는 종종 부족감으로 씨름을 하고 있습니다. 부모로서, 남편으로서, 교수로서, 글 쓰는 사람으로서, 그리고 목사로서 자격이 없고 부족하다는 느낌을 지울 수 없습니다. 오늘처럼 하늘이 잿빛으로 나직이 내려앉아 있고 창밖으론 고요히 보슬비까지 내리는 날이면 기분은 더 가라앉습니다. 저도 모르는 신체의 비밀 통로를 통해 체내의 에너지가 자꾸만 빠져나가는 것 같습니다. 기분을 바꾸고 싶어 제가 쓴 그 책을 꺼내 들어봅니다. 그 책의 뒤표지에 쓰인 캐치프레이즈처럼 "인생의 문제, 더 이상 피하지 말고 하나님의 레시피를 따라 맛있게 바꾸고" 싶어서입니다.

요즈음은 긍정의 심리학이 판을 치는 시대입니다. 2005년이었던가요? 『긍정의 힘』이라는 한 젊은 목사의 책이 세계적인 베스트셀러로 온라인 오프라인 서점가를 휩쓸었었죠. 미국의 남부 사투리를 쓰는 보수적인 목사가 기독교 출판사를 통해 출판한 책이었지만 수많은 비그리스도인도 이 책을 사서 읽었습니다. 폭발적인 교회 성장과 경이로운 책 판매로 자신의 존재감을 알린 그는 특유의 미소와 낙관론으로 지금도 열심히 "긍정적 사고방식"의 복음을 전파하고 있습니다. 기념비적인 그 『긍정의 힘』 후에도 그는 『잘 되는 나』, 『행복의 힘』 등의 책을 통해 긍정의 힘을 믿고 좋은 생각만 하라고 사람들을 격려합니다.

오해하진 마십시오. 저는 조엘 오스틴Joel Osteen을 타도하려고 이 글을 쓰는 것이 아닙니다. 그의 신학을 좋아하지 않지만 그의 모든 것을 반대하지는 않습니다. 오히려 그의 글에서 저는 제게 부족한 것들을 많이 건져 올립니다. 그의 글을 읽으면서 힘을 얻기도 했습니다. 솔직히 천성이 그리 낙관적이지 않아 늘 밝게 생각하고 언제나 함박웃음을 웃고 다니는 조엘 오스틴 같은 사람이 부럽기도 합니다.

제가 말하고자 하는 것은 긍정의 힘이 대세를 이루는 이 시대에 '부족감과 같은 부정적 느낌의 자리는 어디인가?' 하는 것입니다. 그런 것은 그저 피하고 극복해야 할 해로운 느낌에 불과합니까? 그것에는 아무런 가치도 없을까요? 많은 사람이 그렇게 생각하는 것 같습니다. 그래서 『레몬, 레모네이드를 꿈꾸다』를 낸 후 가졌던 한 기독교 TV와의 인터뷰에서 제가 밝혔던 솔직한 부족감을 그들이 편집했는지도 모릅니다.

물론 부족감과 같은 부정적 감정은 바뀌어야 합니다. 그런 느낌과 생각에 계속 젖어 들어서 위축되고 주저앉으면 곤란합니다. 하나님께서 맡겨주신 일들을 감당하지 못하고 계속 도망 다녀서도 안 됩니다. 그러나 그 말은 부족감과 같은 부정적 생각에 아무런 가치도 없다는 뜻은 아닙니다. 부족감으로 씨름을 하면서 저는 그것이 저 자신을 하나님께로 이끈다는 사실을 발견했습니다. 풀죽은 표정과 축 처진 어깨로 저는 하나님을 찾고 그분의 도움을 구하지 않을 수 없었습니다. 만약 제가 언제나 자신만만하고 낙천적이며 모든 일이 술술 풀린다면 과연 저는 지금처럼 간절히 하나님을 찾을까요? 지금처럼 절박하게 하나님의 은혜와 자비를 구할까요? 그렇다고 대답할 수 없을 것 같습니다.

그렇습니다. 부정否定에도 가치가 있습니다. 긍정의 힘도 있지만 부정의 힘도 분명히 있습니다. 그러고 보니 하나님께 쓰임받은 많은 인물이 다 긍정적이지만은 않았습니다. 위대한 지도자인 모세와 엘리야를 보십시오. 그들은 우울증에 빠져 하나님께 자신을 죽여 달라고 말한 적이 있었습니다. 선지자 예레미야는 어땠습니까? 그는 전혀 낙천적이지 않았습니다. 하나님께 부름 받던 순간부터 '나는 못한다'며 손사래를 쳤던 그는 수시로 울었고 우울했으며 사역을 그만두고자 하는 충동에 시달렸던 인물입니다. 불도저 같던 사도 바울도 고린도후서 1장에서 밝힌 것처럼 사역 중 받은 환난으로 인해 살 희망마저 잃고 이미 죽음을 선고받은 몸이라고 느끼기도 했습니다. '이제 다 끝났어!'라며 절망했던 것입니다. 이보다 더 부정적인 생각이 어디 있습니까?

그러나 그들은 거기에서 멈추지 않았습니다. 그들은 자신들의 부정에서 힘을 받아 어떻게든 하나님께 나아갔습니다. "부정의 가치"를 활용했던 것이죠. 바울은 고린도후서 1장 9절에서 자신의 절망적인 느낌을 서술한 후 자신이 깨닫게 된 부정의 가치를 이렇게 적었습니다. "우리는 이미 죽음을 선고받은 몸이라고 느꼈습니다. 그렇게 된 것은, 우리 자신을 의지하지 않고 죽은 사람을 살리시는 하나님을 의지하게 하기 위함이었습니다." 부정의 힘을 이보다 더 잘 보여주는 구절이 있을까요?

이 글을 쓰는 동안 여전히 비가 오락가락하고 하늘은 음울한 표정으로 가라앉아 있습니다. 제 기분도 별로 나아지지 않았고 누가 갖다 준 《비타500》을 마셨지만, 그 광고처럼 피로회복도 안 되는 것 같고 몸은 무겁기만 합니다. 그러나 이 부정적인 상태의 영적인 가치를 성경에서 확인하니 확실히 안심이 되기는 합니다. 부족감이라는 이 부정적인 느낌으로 인해 저는 저 자신을 의지하지 않고 죽은 사람도 살리시는 하나님을 의지하게 될 것입니다. 그러지 않을 수가 없습니다. 그러면 –이 형편없는 내가 아닌 그 놀라운 하나님을 의지한다면– 모든 일이 좋아지겠지요.

이제 기분을 추스르고 제가 쓴 "부족감이라는 레몬"을 한번 읽어보려 합니다. 그게 레모네이드로 바뀔지 어쩔지는 모르겠지만 어떤 식으로든 분명히 도움은 될 것입니다. 그렇지 않다고 생각했다면 애당초 그 글을 써서 제 이름으로 내놓지 않았겠죠. 그러나 그럼에도 불구하고 아무 도움이 되지 않는다면 어떡해야 하나요? 저는 자신을 고발하고 제게 환불을 요구해야 할까요? 아, 이모저모로 고민스러운 오후임에는 틀림이 없습니다.

2011. 05. 20.

산에서 배운 신학

지난 화요일과 수요일 오후에 교수로 섬기고 있는 신학대학원의 뒷산에 올랐습니다. 화요일에는 몇몇 분들과 함께, 수요일에는 혼자 갔다 왔습니다. 늘 가야지 하면서도 가는 게 쉽지 않았는데 모처럼 시간을 내어 학교를 품고 있는 어머니 같은 산에 올랐습니다. 얼굴을 만지고 지나가는 신선한 바람의 감촉을 느끼면서 풀과 나무로 뒤덮인 산길을 걷는다는 것은 그 자체로 힐링의 경험이었습니다.

이틀간의 짧은 산행(?)에서 많은 것을 느끼고 배웠습니다. 첫날 함께 오른 분들 가운데 꽃과 나무를 포함한 자연 세계에 대해 상당한 식견을 가진 목사님이 있었습니다. 그분은 산길을 걸으면서 거기 있는 거의 모든 나무나 풀들의 이름을 알려주었습니다. 그리고 그것들의 용도에 관해서도 설명해주었습니다. 이를테면 이 나무는 가구를 만드는 데 좋다거나 저 나무는 조경용인데 한그루로는 별로지만 여러 그루를 세워놓으면 정말 멋지다는 식이었습니다. 모르는 사람이 보면 다 비슷해 보이는 나무나 풀들이지만 전문가의 눈에는 다 자기만의 이름과 용도와 가치를 지닌 독특한 것이었습니다. 그 설명을 들으면서 저는 하나님을 생각했습니다. 사람들이 볼 때 크게 주목할 거리도 없고 별 가치를 찾을 수 없는 평범한 사람이더라도 하나님은 그를 주목하시고 그의 이름을 부르시며 그의 가치를 인정하신다는 생각이 저의 마음을 따뜻하게 하였습니다.

그 목사님은 또한 요한복음 15장에 기록된 가지치기의 필요성에 대해서도 결코 잊을 수 없는 방식으로 가르침을 주었습니다. 학교 뒷산에는 수익사업을 위해 심어놓은 밤나무가 많은데 관리가 제대로 되지 않아 잔가지들이 나무 이곳저곳에서 많이 삐져나오고 다른 줄기나 가지들로 둘러싸여 있는 나무들이 제법 보였습니다. 그분은 그런 가지들을 정리해주지 않으면 영양분을 빼앗겨 열매를 제대로 맺지 못함은 물론 심지어 본* 나무가 죽기도 한다고 말했습니다. 그러면서 손가락으로 한 나무를 가리켰습니다. 그냥 볼 때는 멀쩡하게 살아있는 것 같았습니다. 그런데 실제론 죽은 나무라는 게 아닙니까? 그분은 그 나무에서 굵은 가지 하나를 떼 내어 우리 눈앞에서 꺾어 보였습니다. 참으로 그것은 물기 하나 없이 말라버린 죽은 나무였습니다. 그것은 저로 하여금 '우리가 살아있는 것처럼 보이지만 실제로 죽은 상태일 수도 있겠구나.'라는 생각을 하게 했습니다. 내 인생에서 시급히 정리해야 할 것들이 무엇일지 돌아보게도 했습니다.

그다음 날은 혼자 산에 올랐는데 전날의 레슨 때문인지 더 많은 것들이 눈에 보였습니다. "아는 만큼 보인다."는 말이 무슨 뜻인지 알 것 같았습니다. 특별히 땅에 붙어있는 작은 꽃들이 저의 시선을 사로잡았습니다. 너무 작았지만 그럼에도 불구하고 그것들은 나름의 색깔과 모양을 뽐내며 서 있었습니다. 새하얀 것, 노란 것, 그리고 보라색을 띤 작은 꽃들이 춤을 추듯, 불어오는 바람에 몸을 맡긴 채 자기를 흔들고 있었습니다. 산에는 큰 나무들과 꽃들도 많았지만 그렇게 작디작은 것들도 정말 많았습니다. 큰 것들만 아름다운 것이 아니라 작은 것도 충분히 아름다울 수 있음을 분명히 볼 수 있었습니다. 작은 것은 큰 것을 시샘하거나 큰 것이 되려고 용을 쓰는 것이 아니라 원래 만들어진 대로 꽃 펴 자기만의 아름다움을 드러내고 있었습니다. 그 꽃들은 저처럼 작은 자에게 친근히 말을 거는 것 같았습니다. 작은 것으로서의 동질감을 느끼며 그 순간 우리는 친구가 되었습니다.

그렇습니다. 이 산에도 그렇지만 하나님의 동산에는 큰 것들만 있는 게 아니라 작은 것들도 있습니다. 큰 것은 큰 것대로, 작은 것은 작은 것대로 자기 꽃을 피우면 될 것입니다. 하나님은 작은 것에게 왜 큰 것이 되지 않았냐고 묻지 않으실 것이고 그 만드신 대로 피어오른 꽃을 보시며 기뻐하실 것입니다.

그런 생각을 하며 힘겹게 오르막을 오르고 있는데 저 앞에서 중간치의 개만한 동물 두 마리가 그야말로 쏜살같이 가로로 난

길을 향해 내달아 사라졌습니다. 속도가 워낙 빨라 정확히 무슨 동물인지 가늠하기 힘들었습니다. 인간이 얼마나 약한 존재인가를 느끼는 순간이었습니다. 만물의 영장이라며 폼을 잡는 제가 나무막대기를 짚고서 힘겹게 조심조심 걷는 그 산길을 네발 달린 동물들은 제집 앞마당인양 편하게 뛰어다니고 있었으니….

아, 우리 인간은 얼마나 연약하며 또 얼마나 착각에 빠져 살아가는지요. 마치 자신에게 한계란 없는 듯이…. 그러나 우리는 온갖 한계에 갇힌 존재입니다. 누가 인간을 신이라고 했나요? 누가 유명인에게 "갓" 아무개라느니 아무개 "느님"이라는 호칭을 붙였나요? 인간은 결코 신이 아닙니다. 아니 그 언저리에도 전혀 미치지 못합니다. 대단하네, 강하네 아무리 떠들어대도 인간이란 육체적으로 웬만한 동물에 한참 못 미치는 연약하고 부서지기 쉬운 존재에 불과합니다. 이런 보잘것없는 인간을 위해 왜 하나님은 자기 아들까지 주실 생각을 하셨을까요? 사람이 무엇이기에 그 많은 은혜를 부어주실까요? 머리가 숙여졌습니다. 자랑하고 잘난 체하기보다 약하디약한 나를 사랑해주시는 하나님을 의지하며 겸손히 살아야겠다는 생각을 하지 않을 수가 없었습니다. 그 순간 그 야산은 하나님을 예배하는 성소가 되었습니다.

산에 오르기 전, 수업과 연관된 문제로 두꺼운 신학책을 펼쳐놓고 열심히 공부했습니다. 그런 과정에서 이전에는 몰랐던 학문적 이론 하나를 알게 되었습니다. 야릇한 쾌감이 왔습니다. 그걸로 그날 저의 신학 공부는 끝난 줄 알았습니다. 그런데 산에서 저는 하나님에 대해 뜻밖의 공부를 하였습니다. 그야말로 산에서 신학을 한 것입니다. 그것은 책에서 배운 것보다 더 생생하고 깊었습니다. 더 경건하기도 했습니다. 왜냐하면 산 위의 신학은 저를 예배자로 변화시켰기 때문입니다. 사실은 우리의 모든 삶이 그래야 하는 것처럼 말입니다.

2017. 04. 28.

멀리건이 필요합니다

　미국은 한국과는 달리 골프가 상당히 대중화되어 있습니다. 그래서 많은 미국인이 테니스를 치듯 부담 없이 골프를 칩니다. 아쉽게도 저는 미국 유학 생활 동안 골프를 쳐본 적이 없습니다. 친구네 뒷마당에서 그물망을 향해 몇 번 휘둘러본 것을 제외하곤 말입니다. 그래도 요즘엔 박세리 이후 LPGA에서 맹활약을 하고 있는 숱한 한국 여자 골퍼들로 인해 우리 같은 보통의 한국인들에게도 골프가 꽤 친숙한 운동이 되었습니다.

　제가 좋아하는 설교자요 작가인 존 오트버그는 미국인인데도 골프와 별로 친하지 않은 모양입니다. 그는 자신의 저서 『누더기 하나님』에서 골프와 얽힌 자신의 일화를 소개합니다. 그는 평소 골프를 거의 치지 않았고 본인의 표현에 의하면 골프를 "매우 못" 치는 사람이었습니다. 첫 번째 홀에서 그는 공을 치기 위해 자리에 섰습니다. TV에서 봤을 때 너무도 쉬워 보였고 게다가 '가만히 서 있는 공을 왜 못 치랴' 싶어 힘껏 골프채를 휘둘렀습니다. 공은 골프채의 뒤축에 맞아 공중으로 떴는데 도저히 믿을 수 없는 일이 일어났습니다. 빗맞은 공은 90도로 솟았습니다. 그것은 참으로 놀라운 일이었습니다. 아무도 골프공이 그런 각도로 날아가는 것을 본 적이 없었습니다. 그게 물리적으로 가능한지 여부도 그가 그 공을 수직으로 날려버리기 전까지는 확실치 않았을 것입니다. 그는 너무 창피해 모든 것을 되돌렸으면 하는 마음이 간절했습니다. 처음부터 다시 시작할 수 있다면 얼마나 좋을까라고 생각했습니다. 공은 근처 가정집의 지붕을 쳤는데 들리는 소리로 보아 그 지붕에 어떤 손상을 입혔음이 확실했습니다.

그는 다음 샷을 치기 위해 공이 떨어졌을 만한 지점을 찾아 나섰습니다. 바로 그때 그와 함께 골프를 치던 동료들이 믿기 힘든 말을 그에게 했습니다. "신경 쓰지 마. 그냥 놔둬." 그들은 멀리건 mulligan이라는 걸 사용하면 된다고 말했습니다. (그것은 스코어에 들지 않는 쇼트를 의미하는 골프용어입니다.) 동료들은 도저히 칠 수 없는 상황에 빠진 공을 칠 필요는 없다고 그에게 말해주었습니다. 멀리건은 카운트할 필요도 없고 기록도 되지 않으며 스코어카드에도 올라오지 않는다는 것이었습니다. 그것은 마치 그런 일이 한 번도 일어나지 않은 것과 같다고 그들은 말했습니다. 오트버그는 깨끗한 기록을 회복했습니다. 그는 마치 처음 골프장에 선 것처럼 완전히 새로운 시작을 하게 된 것입니다.

인생에서도 멀리건이 있으면 얼마나 좋을까요? 바보 같은 말을 내뱉은 후에, 후회막심한 행동을 한 후에, 크고 작은 실패를 경험한 후에 "멀리건"이라고 말할 수 있다면 그래서 아무런 조건 없이 다시 시작할 수 있다면 얼마나 좋을까요? 어떤 질문도 질책도 없이 새로운 기회를 부여받을 수 있다면 그것보다 더 좋고 고마운 일은 없을 것입니다.

베드로는 A.D. 33년 유월절 만찬을 먹었던 그 날 새벽에 그렇게 생각하고 있었을 것입니다. '멀리건이 있으면 얼마나 좋을까? 다시 시작할 수 있다면….' 가룟 유다의 배반으로 인해 예수께서 이스라엘의 종교지도자들에게 잡혀 재판을 받던 그 어두웠던 밤, 그분의 뒤를 따라갔던 수제자 베드로는 생명의 위협 때문에 세 번씩이나 자신의 스승을 부인하게 됩니다. 마지막에는 저주까지 하면서 예수를 부인합니다. 몇 시간 전까지만 해도 예수님과 함께 감옥까지 가겠다고 아니 그분을 위해 죽기까지 하겠다고 기염을 토했건만 결과는 참담한 실패였습니다. 마지막 세 번째의 부인否認과 거의 동시에 스승의 말씀처럼 닭이 울고 때마침 슬픔과 연민에 가득 찬 표정으로 자기를 돌아보시는 예수님과 눈이 마주친 그는 밖에 나가서 심하게 통곡했습니다.

후에 예수께서 부활하셨을 때 그는 그분의 얼굴을 제대로 대할 수가 없었습니다. 그분의 제자라고 칭함을 받는 것조차 너무 뻔뻔스럽다는 생각이 들었습니다. 예수님의 명을 받고 갈릴리로 그분을 만나러 갔지만 죄책감과 수치심 때문에 그냥 있을 수가 없어 그는 과거 예수님을 만나기 전에 했던 고기잡이의 일을 하러 갑니다. 그러나 그날 밤 그는 밤새도록 단 한 마리의 물고기도 잡을 수 없었습니다. '예수님을 부인한 벌을 받는 것일까? 그동안 너무 오래 손을 놓아 이제는 어부 생활도 맞지 않는 것인가?' 그날 새벽 허탕을 치고 패배감과 좌절, 그리고 심한 피로감으로 인해 오랜만에 올라탄 고기잡이배에 그는 늘어져 있었습니다.

그때 뜻밖의 손님이 자신을 찾아와 바닷가에 서 있는 것이 아닙니까! 그렇습니다. 그분은 불과 며칠 전 그가 자신과는 상관없는 사람이라고 저주까지 하며 부인했던 그의 스승 예수님이셨습니다. 스승을 세 번 부인한 그에게 세 번 사랑을 고백할 기회를 주셨습니다. 하나님의 어린 양 되신 예수를 버렸던 그에게 놀랍게도 당신 자신의 어린 양들을 맡기셨습니다. 불 옆에서 저주한 그를 당신이 친히 준비하신 불 옆에서 회복시켜주셨습니다. 멀리건을 주신 것입니다. 완전히 새로운 기회를 허락하신 것입니다. 비록 실패했지만, 골프공을 수직으로 날려 보내는 것과는 비교할 수 없을 정도의 부끄럽고 후회스러운 일을 했지만 이 자애로운 주께서는 또 한 번의 기회를 주신 것입니다.

살다 보면 머저리 같은 짓을 할 때가 적지 않습니다. 대학생 시절, 저는 시험 중 커닝을 하다 걸린 적이 있었는데 이런 식의 잘못된 행동이나 지혜롭지 못한 선택으로 인해 뼈아픈 결과에 봉착한 적이 한두 번이 아닙니다. 얼굴이 화끈거릴 정도로 부끄러운 일을 저질러놓고 수치심으로 어쩔 줄 몰라 합니다. 주어진 기회를 망쳤다고 생각하기도 하며 다 끝장이라고 자포자기에 빠지기도 합니다. 같은 죄를 반복해서 범했다고 절망하기도 하며 과거의 어떤 실수나 실패로 인해 다시는 하나님께 쓰임 받는 유용한 삶을 살 수 없을 것이라고 속단하기도 합니다. 그러나 그것은 단지 우리의 생각에 불과합니다. 하나님은 우리에게 새로운 시작을 주십니다. 그분은 멀리건을 선언하실 것입니다.

멀리건을 받을 때 그러나 우리가 기억해야 할 일이 하나 있습니다. 그것은 인생의 멀리건이 값없이 우리에게 오는 것이 아니라는 사실입니다. 우리에게 멀리건을 주기 위해 하나님은 온 우주의 삼라만상을 더한 것보다 더 가치 있고 존귀한 자기 아들을 십자가에 넘겨주는 대가를 치르셨습니다. 사실 PGA 투어에는 멀리건이 없다고 합니다. PGA의 권위와 게임의 성실성을 위해서 그들은 엄격하게 규정을 적용합니다. 공을 물에 빠트리면 선수들은 벌타를 받습니다. 선수들의 스코어카드는 그들이 친 그대로를 기록합니다. 그런데 PGA도 허락하지 않는 멀리건을 하나님은 왜 우리에게 주실까요? 인생이 PGA투어보다 중요하지 않다는 말입니까? 인생의 규범이 PGA의 그것에도 못 미치나요? 하나님에게는 PGA 간부만큼의 공정함도 없습니까? 그렇지 않습니다. 그분은 온 천하 만물의 심판자이십니다. 이 땅에 살았던 모든 사람의 모든 행위가 그분의 책에 기록되었고 앞으로도 그렇게 될 것입니다. 하나님보다 더 정의로운 존재는 없습니다. 그분보다 더 인생의 규범에 대해 관심을 갖는 자는 아무도 없습니다. 그런데 어째서 멀리건입니까? 왜 멀리건입니까?

그것은 그분이 우리를 사랑하시기 때문입니다. 이해할 수 없는 그 사랑이 하나님으로 하여금 우리가 실패자로 사는 것을 보는 것보다 당신의 아들을 십자가에 못 박게 하는 쪽을 선택하도록 한 것입니다. 그 놀라운 사랑의 깊이가 그분으로 하여금 우리의 잘못 친 벌타를 그 아들이 대신 받게끔 하신 것입니다. 그러므로 그분이 내미시는 삶의 멀리건은 비싸디비싼 사랑의 열매입니다. 우리는 이 사실을 잊어서는 안 됩니다. 은혜는 결코 공짜가 아닙니다. 다만 우리에게 공짜로 제공되었을 뿐입니다. 그러므로 우리는 이 은혜를 가볍게 받아서는 안 됩니다. 겸허한 마음과 진지한 태도로, 그야말로 상하고 애통하는 심령으로 이 값비싼 은혜를 받아들여야 합니다.

언더파의 계획을 갖고 삶의 필드에 뛰어들었는데 말도 안 되는 엉터리 샷만 연발하여 아예 수습이 불가능한 상황입니까? 많은 사람에게 자신을 웃음거리로 만들었습니까? 하나님을 실망시키고 사랑하는 이들에게 상처를 남긴 바보 같은 짓을 했나요? 소중한 기회를 날려버렸습니까? 자신이야말로 영락없는 패자라고 느낍니까? 괜찮습니다. 정말 괜찮습니다. 왜냐하면 우리 하나님은 바로 그런 실패자의 하나님이시기 때문입니다. 그런 실패자에게 찾아오셔서 예수 그리스도 안에서 그에게 멀리건을 선포하시고 승리를 위한 새로운 기회를 주시기 때문입니다.

그 말이 믿어지지 않습니까? 베드로를 보십시오. 그는 자신이 최악의 실패를 했던 날로부터 두 달도 지나지 않아 다가온 오순절

날, 성령께서 영광과 위엄 가운데 "불처럼 바람처럼" 강림하시던 그 날, 완전히 새로운 기회를 받았고 그 소중한 기회를 놓치지 않았습니다. 한 번의 설교로 3천 명이 구원받았고 예수 그리스도의 교회가 탄생하는데 결정적인 역할을 한 것입니다. 요나는 또 어떻습니까? 하나님으로부터 도망갔다가 망신을 당하고 큰 물고기에 삼키었던 그는 제2의 기회를 받은 후 역사상 가장 놀라운 부흥을 이루어냈습니다. 사람을 죽였던 모세는 어떠했으며 충복의 아내를 범하고 그를 살해하기까지 했던 다윗은 또 어떠했습니까? 이들 모두는 멀리건의 수혜자였습니다. 그들에게 멀리건이 필요했다면 우리에게는 더 말할 나위가 있을까요? 멀리건을 취하십시오. 겸허하고 가난한 마음으로 선물을 받으십시오. 그리고 기억하기 바랍니다.

· 하나님의 은혜는 우리의 가장 과격한 상상을 뛰어넘습니다.
· 그분의 사랑은 어떤 죄와 실패도 덮을 만큼 넉넉합니다.
· 그분의 능력은 그야말로 불가능을 알지 못합니다.

그렇습니다. 그분은 지치지도 않고 우리를 사랑하시며 누군가가 스캔들이라고 표현할 정도로 우리에게 파격적인 은혜를 베푸십니다. 트로이 병사처럼 그분은 우리의 회복을 위해 열심히 일하십니다. 감사하게도 우리 하나님에게는 언제나 구원과 회복과 새로운 시작이 가용합니다. 그렇습니다. 참으로 그분은 오트버그의 멋진 표현처럼 "다시 시작의 하나님이시며 재 기회의 주님"이십니다.

2008. 10. 13.

영적 천동설주의자에게

저희 딸아이가 입고 다녔던 티셔츠 가운데 "세상은 나를 중심으로 돈다The world revolves around me."라는 문구가 영어로 새겨진 셔츠가 있었습니다. 영어로 Me라는 단어가 크게 프린트되어 있고 다른 단어들은 그 Me를 중심으로 둥글게 새겨져 있었습니다. 누군가에게 얻었던 셔츠로 기억하는데 거기 적힌 그 문구는 우리 시대 많은 사람의 정서를 표현한 것이라는 생각이 들었습니다.

세상이 과연 나를 중심으로 돌고 있을까요? 그렇지 않습니다. 다만 그렇기를 내가 원하거나 그럴 거라고 착각할 따름이죠. 이는 과거 천동설을 주장한 사람들에 비견할 수 있습니다. 그들은 지구가 우주의 중심에 있고 그 주위를 달과 태양과 다른 행성들이 돈다고 주장했습니다. 16세기 말 코페르니쿠스가 지동설을 들고나올 때까지 대부분의 사람은 우주의 중심에 지구가 있다는 천동설을 믿었습니다. 그러나 그 생각은 사실에 기초한 것이 아니었습니다.

그런 면에서 오늘날 세상이 나를 중심으로 돈다고 생각하는 사람들은 개인적인 차원에서 천동설주의자라고 일컬을 수 있을 것입니다. 하나님을 믿는 그리스도인들 가운데도 이런 천동설주의자가 있습니다. 그들은 모든 것의 중심에 자신이 있다고 생각합니다. 대놓고 그렇게 말하진 않지만 그런 것처럼 행동하며 그런 태도를 보입니다.

이들에겐 심지어 하나님조차도 자기를 중심으로 도는 존재에 불과합니다. 이런 경우, 말로는 하나님을 주님이라 부르고 왕이라 고백할지 모르지만 실제론 자신이 자기 삶의 왕이요 주님입니다. 하나님은 그저 자기를 도와주는 분이며 소원을 들어주는 일종의 지니genie와 같은 존재에 불과합니다. 만약 하나님이 기대처럼 소원을 들어주고 복을 주면 괜찮습니다. 그러나 그렇지 않으면 불평과 원망이 나옵니다. 그리고 심하면 하나님을 버리기까지 합니다.

만약 우리의 상황이 이렇다면 우리에겐 코페르니쿠스적 전환이 필요합니다. 우리는 세상이 나를 중심으로 돈다거나 인생의 중심에 내가 있다는 식의 망상을 버려야 합니다. 모든 것의 중심엔 하나님이 계십니다. 모든 것은 하나님을 중심으로 돕니다. 내 삶도 예외가 아닙니다. 비록 내가 그 사실을 인정하지 않아도 바뀌는 것은 아무것도 없습니다. 내 심장을 컨트롤 하시는 분은 내가 아니라 하나님이십니다. 내 흥망성쇠를 주관하시는 분도 내가 아니라 하나님이십니다. 그분이 주권자이고 그분이 중심이며 그분이 가장 중요한 존재입니다. 나를 포함한 모든 것은 그분을 위해 있습니다. 이를 인정하지 않으면 나만 힘들 따름입니다.

영적으로 천동설주의적인 그리스도인이라면 우리는 결코 건강한 삶을 살 수 없습니다. 우리의 삶은 오류와 착각에 근거한 삶이 될 수밖에 없습니다. 그리고 하나님을 예배하고 높이도록 지어진 삶의 목적을 이룰 수도 없기 때문에 참된 행복을 경험할 수도 없습니다. 다른 사람을 섬기고 돕는 위대한 인생 사명을 이룰 수도 없습니다. 그뿐이 아닙니다. 인간관계에서도 수시로 불협화음을 경험하게 될 것은 말할 것도 없죠. 뭐랄까요? 왕이 되어서는 안 되는 사람이 왕좌에 올라 자신과 수많은 사람을 괴롭게하듯 자신을 포함한 많은 사람에게 고통스러운 일들이 일어날 것입니다. 무엇보다도 하나님은 영적 천동설주의자를 축복하거나 사용하실 수 없습니다.

그러므로 하나님을 우리 삶의 중심으로 모시고 우리는 그 자리에서 물러납시다. LA 다저스에서 뛰고 있는 류현진의 팀 동료여서 우리와도 친숙한 미국 최고의 투수 클레이튼 커쇼는 《I am Second》라는 짧은 비디오에서 자신이 첫째가 아니라 하나님이 첫째라고 분명히 말했습니다. 우리도 그렇게 고백해야 합니다. 하나님이 첫째이며 모든 것의 중심이십니다. 우리의 삶이 그분을 중심으로 돌게 될 때 비로소 모든 것이 제자리를 찾게 될 것입니다. 우리는 안정감을 느끼며 원래 디자인대로 내 삶이 기능하는 데 대해 만족감을 경험하게 될 것입니다.

비록 내가 원하는 대로 일이 되지 않더라도 나를 사랑하시며 전지전능하신 그분이 중심에 계심을 알기 때문에, 그리고 참으로 중요한 것은 내 행복보단 그분의 기쁨임을 알기 때문에 우리는 흔들리지 않을 것입니다. 우리는 참으로 건강하고 의미 있는 삶을 살게 될 것이며 누군가에게 의미를 창출하는 존재가 될 수 있을 것입니다. 그뿐만 아니라 우리는 우주의 중심이며 가장 놀라운 존재이신 하나님을 더 깊이 누리게 될 것입니다. 그분의 영광과 위엄과 아름다움에 자꾸만 놀라면서 말입니다. 그렇습니다. 하나님을 중심으로 모시면 우리의 가정도 교회도, 그리고 우리 자신의 삶도 그런 면에서 그야말로 "잘 돌아갈" 것입니다.

2013. 01. 07.

바보야,
그건 왕의 식탁이라고

지난 목요일 국내신문들은 미국의 억만장자이며 투자의 신으로 일컬어지는 워런 버핏과의 점심식사를 경험한 한 사업가의 이야기를 일제히 실었습니다. 주인공은 미국에서 투자펀드회사를 운영하는 가이 스피어라는 사람입니다. 그는 워런 버핏과의 점심 경매에 참여해 65만 100달러(한화로 7억 원 정도)에 낙찰을 받았고 지난달 25일 버핏과 뉴욕 맨해튼의 유명 스테이크 전문점 '스미스 앤드 월렌스키'에서 점심식사를 했습니다.

사실 이 버핏과의 점심 경매는 올해로 9년째 진행되고 있는데 경매 수익금은 작고한 버핏의 부인 수전이 활동했던 샌프란시스코의 빈민구제단체인 글라이드 재단에 전달된다고 합니다. 이 경매는 해를 더할수록 인기가 높아지고 있는데 지난주 경매에서는 놀랍게도 낙찰가가 211만 100달러로, 이베이 자선경매 사상 최고를 기록했다는 것입니다. 이미 한해 전인 지난해 경매에서 낙찰받고 오랜 기다림 끝에 식탁에 앉은 스피어씨는 자선재단에 기부도 하고 자본주의에 대해 배울 기회도 될 것 같아 이 경매에 참여했다고 하는군요.

"오마하(버핏의 출생지이자 거주지)의 현인"이라고도 불리는 이 투자의 귀재와 함께 식사한 후, 스피어씨는 미국의 시사주간지인 『타임』지 최신호에 그 소감문을 기고했는데 무려 7억 원을 투자한 버핏과의 점심회동에 대한 그의 소감은 한마디로 "마지막 한 푼까지도 아깝지 않은 식사"였다고 합니다. 스피어는 이 글에서 버핏의 매력적인 인간성을 묘사하면서 그가 기쁨에 넘치고 매일 탭댄스를 추며 일터로 향하는 낙천적인 성격의 소유자라고 썼습니다. 스피어는 또한 식사자리에 동행한 자신의 어린 딸에게 농담을 건네는가 하면 자기 부인의 고향까지 미리 조사해와 대화의 소재를 늘리는 버핏의 세심한 배려에 마음이 움직였고 "상냥하고 유쾌한 노신사" 같은 버핏의 친절과 겸손에 깊은 인상을 받았다고 합니다. 그러나 무엇보다도 그에게 감동을 줬던 것은 버핏의 흔들리지 않는 양심과 뚜렷한 인생철학이었다는군요. 버핏은 다른 사람의 평가보다 자신에게 떳떳할 것과 반대가 있더라도 정직하게 옳은 일을 하라고 스피어에게 조언했습니다. 스피어는 3시간에 걸친 버핏과의 점심식사를 회상하면서 "버핏이 왜 오마하의 현인이라 불리는지 알 수 있는 기회였다."며 "그보다 더 훌륭한 역할모델role model은 없을 것"이라고 덧붙였다 합니다.

이 기사를 읽으면서 버핏도 버핏이지만 스피어라는 사람이 참 대단한 사람이구나라고 느꼈습니다. 아무리 버핏 같은 거물과 함께한다 하더라도 한 끼 식사에 7억 원을 투자할 사람이 얼마나 되겠습니까? 아무리 돈이 많더라도 그렇게 할 수 있을까요? 글쎄요! 저 같으면 못할 것 같습니다. 그러나 스피어는 이 시대 주식투자의 달인이요 또 현자賢者로 여겨지는 인물과 한 식탁에 마주 앉아 친밀히 교제하는 데에 그만한 값어치가 있다고 생각한 것이죠. 아마 그가 맞을지 모릅니다. 이 식탁의 교제로 인해 그의 비전이 커지고 성품이 업그레이드된다면, 그래서 그의 삶이 획기적으로 변화한다면 돈으로 계산할 수 없는 결과가 있게 될 것입니다.

성경에는 예수님께서 사람들과 함께 식탁에 앉아 교제하신 이야기가 여러 군데 나오는데 그때마다 무언가 중요한 일이 벌어집니다. 세리 마태는 예수님의 초청으로 그분의 식탁에 앉았고 그 이후 멸시받던 죄인에서 예수님을 따르는 열두 제자 중의 한 사람으로 인생이 바뀝니다(마 9:9-13). 예수님의 죽음이 임박하게 다가오던 시점에 마리아가 가장 귀한 향유 옥합을 깨트려 사랑의 고귀한 향기를 풍긴 자리도 예수님과 시몬의 식탁이었습니다(막 14:3-9). 베드로를 비롯한 열두제자들은 유월절 전날 예수님과 함께했던 식탁에서 섬김에 대한 잊을 수 없는 교훈을 받습니다(요 13:1-20). 레오나르도 다빈치의 그림으로도 유명한 마지막 만찬은 예수님과 제자들이 유월절 식탁에 앉은 경우인데 이 자리에서 예수님은 우리를 위해 내어주실 당신의 몸과 피를 언급하시며 우리 죄의 완전한 용서를 위한 새 언약을 세우십니다(눅 22:14-20). 예수님의 십자가 죽음 이후 실망에 젖어 엠마오로 가던 두 제자가 눈이 열려 부활하신 예수님을 알아보게 된 것도 그분과의 식탁에서 일어난 일입니다(눅 24:13-35). 겁에 질려 예수님을 세 번이나 부인했던 베드로가 주님의 양 떼를 먹이는 목자로 회복된 것도 주께서 직접 준비하신 아침식사의 상황 가운데서 있었던 일입니다(요 21:1-19). 이 예들에서 보듯 주님과 함께 식탁에 앉는다는 것은 예삿일이 아님을 우리는 알 수 있습니다.

이처럼 놀라운 주님과의 식사 교제를 위해 당신은 얼마를 기꺼이 지불하시겠습니까? 가이 스피어가 그랬던 것처럼 모두의 입이 딱 벌어지는 대가를 치르고도 "한 푼도 아깝지 않다."고 말할 수 있을까요? 그러나 슬프게도 그런 사람들이 많지 않은 것 같습니다. 오히려 예수님께서 우리에게 오셔서 식사 교제를 하자며 간곡히 청하고 계십니다. 많은 사람이, 그것도 예수님을 믿고 그분을 주님으로 부르는 크리스천들이 그 예수님을 그냥 문밖에 세워놓고 있는 것이죠.

그럴 리가 없다고요? 계시록 3:20에 기록된 예수님의 말씀을 들어보십시오. "보아라. 내가 문밖에 서서 문을 두드리고 있다. 누구든지 내 음성을 듣고 문을 열면 나는 그에게로 들어가서 그와 함께 먹고 그는 나와 함께 먹을 것이다."

이 말씀은 종종 예수님을 믿지 않는 비그리스도인들에게 적용되기도 하지만 사실 문맥을 보면 예수님께서 라오디게아 교회의 성도들에게 하신 말씀입니다. 하늘과 땅의 권세를 가진 부활하신 주님이 우리 삶의 문밖에 서서 두드리는 모습을 상상해보십시오. 매일 우리에게 오셔서 함께 먹고 마시자며 식탁의 교제를 간절히 청하시는 하나님 아들의 그림을 머릿속에 한 번 그려보십시오. 이게 말이 된다고 생각합니까? 누구는 자기보다 좀 나은 사람과의 3시간 식사기회를 위해 7억 원을 투자하는데 만왕의 왕, 만주의 주가 식사를 요청하는데도 그분을 문밖에 세워두고 있다니 우리가 과연 제정신인가요? 우리는 왜 이렇게 바보입니까? 우리는 왜 이처럼 귀한 기회를 그렇게도 쉽게 날려버리려 합니까? 하늘에서부터 "바보야, 그건 왕의 식탁이라고!" 하는 안타까운 외침이 들리는 듯합니다.

마음의 문을 열지 않겠습니까? 그분을 내 삶에 초청해드리며 그분과 함께 식탁에 앉지 않으렵니까? 버핏과는 달리 그분은 아무런 대가도 요구하지 않습니다. 사실 대가는 그분이 십자가에서 자신의 고귀한 생명을 바쳐 다 치르셨고 이제 그분과의 교제를 가로막는 장애물은 없습니다. 그저 감사와 감격에 겨워 기쁨으로 그 식탁에 앉아 마음 문을 활짝 열고 그분이 건네주시는 지혜와 영감을 받아먹으면 됩니다. 그분을 바라보며 그 음성을 듣고 그분의 매력적인 성품에 감탄하며 그분과의 달콤한 시간을 즐기면 됩니다. 이제 식탁에 앉으십시다. 그렇습니다. 아주 특별한 식탁입니다. 앉을 때마다 중요한 일이 일어날 수 있는 식탁입니다. 가장 비싸고 가장 우아한 최고의 식탁입니다. 당신을 위해 우주의 통치자가 특별히 마련한….

2008. 07. 05.

올림픽과 향수병

"아빠? 아빠는 향수병鄕愁病에 걸린 적이 있어?" 며칠 전 뜬금없이 어린 딸아이 풀잎이가 제게 던진 질문입니다. 그 아이의 질문은 저로 하여금 이제 20년도 더 지난 1985년의 가을로 돌아가게 했습니다. 당시 저는 미국의 대학원에 입학한 1년 차 유학생이었습니다. 그 학교는 미국 동부의 해변에 위치하고 있었는데 학교의 한쪽 면은 바다로 둘러싸여 있었습니다. 군데군데 커다란 나무들이 심어진 넓은 잔디밭에는 바다를 향하여 벤치들이 놓여있었고 학생들은 그곳에 앉아 책을 읽거나 대화를 하곤 했습니다. 물론 잔디밭에 드러누워 망중한을 즐기거나 장난을 쳐대는 학생들도 있었지요.

저도 짬이 나는 대로 부지런히 그곳을 찾았던 학생 중의 한 사람입니다. 당시 연구조교였기 때문에 자유시간이 별로 없었지만 그래도 어떻게든 틈을 내었습니다. 일에 지치거나 기분이 울적할 때면 잔디밭을 가로질러 바다로 가까이 다가갑니다. 바닷새들이 어지럽게 날고 방파제로 밀려온 파도가 하얗게 부서지며 다시 밀려가는 광경을 바라보면서 저 파도를 타고 집으로 갈 수 있으면 좋겠다는 생각을 많이 했었습니다. 부모님과 친구들의 정겨운 얼굴이 떠오르고 고향의 기억이 불현듯 되살아나면 눈물이 날 만큼 고향이 그리워지곤 했습니다. 향수병이라고까지는 할 수 없을지 몰라도 그것은 분명 지독한 향수였습니다.

　요즘 이웃 나라 중국에서 벌어지고 있는 올림픽을 보면서 저는 또 다른 향수에 잠깁니다. 몇몇 불미스러운 일이 있긴 하지만 베이징 올림픽은 정말 대단한 지구촌의 축제입니다. 세계적인 감독 장이머우가 총연출을 맡은 개막식은 그 엄청난 스케일과 화려함으로 우리를 놀라게 했습니다. 7년이 넘는 준비 기간, 1000억 원의 막대한 자금이 투입된 개막식에는 9만 1000명의 객석과 2만 명의 무용수 등 총 11만 명 이상이 경기장을 가득 메워, 사상 최대 규모를 자랑했다죠. 3시간 30분이라는 긴 시간 동안 열린 개막공연은 중국의 찬란한 과거와 번성한 현재, 그리고 창창한 미래가 모두 담겨있어 5천 년 황허黃河 문명의 집약체로 불린다고 들었습니다. 세계인이 기다려온 기발한 성화의 점화에 이어 베이징 하늘을 수놓은 화려한 불꽃의 다발로 피날레를 장식한 그 개막식은 그야말로 "영광"이라는 단어가 절로 떠오르게 하는 멋진 예식이었습니다. 물론 그다음 날부터 벌어진 각종 올림픽 게임들도 우리의 관심을 앗아가기에 충분할 정도의 재미와 감동을 우리에게 선사해주고 있습니다. 특별히 한국선수가 메달을 따기라도 하면 눈물이 맺힐 만큼 감격스러운 것은 어쩔 수가 없습니다. 그 모든 대단한 장면들을 보면서 저는 신기하게도 향수에 사로잡히곤 합니다.

베이징에 무슨 연고가 있어 향수 타령이냐고요? 베이징 거리를 걸어본 적은 있지만 저의 향수는 베이징에 대한 것은 아닙니다. 그것은 올림픽에 대한 것도 아닙니다. 제가 지금 말하는 향수는 우리의 영원한 집에 대한 것입니다. 그래요. 그것은 천국을 향한 향수입니다. 장이머우의 "영광스러운" 개막식과 올림픽게임의 감동적 순간들은 제 안에 기쁨과 동시에 강렬한 갈망을 불러일으켰던 것입니다. 이 모든 지상적인 영광과 감동이 가리키고 있는 진짜 영광과 감동을 간절히 바라게 된 것이죠. 이상하게 들릴지 모르지만 저는 올림픽의 장관壯觀들에 대해 동시에 만족하면서 불만족하고 있습니다. 그것은 베토벤의 음악을 들을 때나 고흐의 그림을 볼 때도 가끔 경험할 수 있는 느낌입니다. 베토벤과 고흐는 분명 대단하지만, 그래서 기쁨과 만족을 느끼지 않을 수 없지만 게걸스럽게도 저는 그보다 더한 어떤 것을 바라고 있습니다.

영적으로도 다를 바가 없습니다. 하나님의 은혜로 저는 모든 신령한 복을 거저 받은 사람이지만 그 이상을 향한 끈질기고 집요한 갈급함으로 인해 고통 아닌 고통을 겪습니다. 마이클 스미스와 같은 최고 수준의 워십 리더들이 인도하는 예배에서 하나님의 임재를 경험하며 감동에 젖지만 곧 더 깊은 기쁨, 더 크고 최종적인 만족을 바랍니다. 기쁨의 탄성과 갈망의 한숨이 공존하는 제 영혼은 마치 다중인격자의 그것처럼 혼란스럽기만 합니다.

이런 이중적 느낌과 뻔뻔스러운 불만족은 어디서 오는 것일까요? 응석받이 아이처럼 제가 너무 많은 것을 바라고 있는 것일까요? 분명 의심이나 이기적 욕심과 같은 저의 영적 미숙함이 현재의 복을 충분히 누리지 못하게 하는 방해요인으로 작용하기도 할 것입니다. 그러나 그보다는 우리가 아직 "온전한 것"에 이르지 못했고 소설가 레이놀즈 프라이스Reynolds Price의 표현처럼 "완전한 이야기"를 듣지 못했기 때문이라고 말하는 것이 더 맞을 것입니다. 그러므로 −아무리 구원을 받았다 하더라도− 이 땅에서 인간으로 존재한다는 것은 일정량의 공허함과 불만족, 그리고 그로 인한 고통을 감수해야 함을 의미합니다. 그래서 우리는 만족의 한 가운데서 또 다른 갈망과 내적 동요를 느끼는 것입니다.

어쩌면 그런 갈망과 끝없는 동요는 하나님의 선물일지도 모르겠다는 생각을 합니다. 내가 지금 이곳에서 누리는 그 이상을 원하는 그 불만스러운 마음이 우리를 본향 앞으로 전진하게 하며 우리를 희망에 부풀게 할 수 있기 때문입니다. 그러므로 진짜 문제는 불만족이 아니라 씨에스 루이스C. S. Lewis가 지적한 것처럼 너무 쉽게 만족하는 데 있는지 모릅니다.

보상의 노골적인 약속들, 복음서에 약속된 상급의 기막힌 특성을 생각한다면 우리 주님께 우리의 갈망들은 너무 강한 게 아니라 너무 약해 보일 것이다. 우리는 무한한 기쁨을 주겠다는데도 술과 섹스와 야망으로 장난이나 치는 맹랑한 피조물이다. 바닷가에서 휴일을 보내게 해주겠다는데도 말귀를 알아듣지 못해서 빈민굴에서 흙장난이나 하려 드는 무지한 아이와 같다. 우리는 너무 쉽게 만족한다.

그런 맥락에서 보면 지상적 풍요와 번영, 그리고 온갖 쾌락의 도구들은 가면을 쓴 저주가 될 수도 있습니다. 마취 주사처럼 천국에 대한 우리의 갈망을 무디게 하고 신경안정제처럼 우리의 동요를 주저앉힐 수 있기 때문입니다. 요즈음과 같은 "멋진 세상"일수록 천국의 시민권자라는 우리의 정체성을 잃어버리고 더 이상 "또 다른 시간과 장소"를 소망하지 않는 길들여진 현실주의자로 전락하기가 얼마나 쉬운가를 우리는 인식해야 합니다.

딸아이가 제게 했던 질문을 이제 던지려 합니다. 향수병에 걸린 적이 있습니까? 아니 지금 향수병을 앓고 있습니까? 고요히 내면의 소리에 귀를 기울여보십시오. 마크 부캐넌Mark Buchanan은 우리의 본능 가장 깊은 곳에 천국이 있다고 말하면서 천국은 "우리 뼈의 고통이요, 심장에 박힌 파편"이라고 묘사합니다. 그는 또 "나선형의 소라 껍데기 속에서 먼 바다 파도의 속삭임이 들려오듯, 우리 일상의 한가운데와 그 이면에서 천국의 음악이 잊혀지지 않는 가락으로 희미하게 메아리친다."고 상기시킵니다. 그 희미한 메아리에 주파수를 맞추십시오. 그로 인한 동요와 불만족과 갈망을 두려워해선 안 됩니다. 그것이 당신 속에 본향을 향한 그리움과 천국에 대한 희망을 용솟음치게 하도록 놔두십시오.

예수님은 우리를 위한 기도의 모본을 제시하시면서 "그 나라를 오게 하여 주시며 그 뜻을 하늘에서 이루심 같이, 땅에서도 이루어 주십시오."라고 기도하도록 가르치셨습니다. 그것은 천국을 향한 향수병을 앓고 있는 모든 그리스도인의 기도입니다. 올림픽의 모든 영광과 찬란한 현대문명으로도 채워지지 않는 지독한 갈망의 끝자락에서 내뱉는 우리의 탄식입니다. 그 나라의 도래야말로 우리가 참으로 원하는 모든 것임을 주님은 아셨음에 틀림없습니다.

향수병에 걸린 적이 있습니까? 지금이야말로 그 병에 걸릴 좋은 때입니다. 그것은 우리로 지상의 금메달과 최고의 축제에 완전히 정신을 빼앗기지 않게 하며 상상을 초월하는 하늘 아버지의 나라를 향해, 깊고 영속적인 만족을 가져다주는 천국의 잔치를 향해 뚜벅뚜벅 발걸음을 옮기게 할 것입니다. 이 더운 날씨도 주저앉힐 수 없고 저 찬란한 첨단 문명의 유혹도 돌이키게 못하는 불굴의 희망으로 말입니다.

2008. 08. 20.

하나님은
어디에
계실까요?

하나님은
어디에 계실까요?

어린 시절부터 저는 하늘 쳐다보기를 좋아했습니다. 광활한 푸른 하늘을 여유롭게 떠도는 온갖 형태의 구름을 보면서 웅크린 사자도 찾고, 달리는 택시도 찾고, 이웃 아저씨의 모습도 찾았습니다. 교회에 다니던 집안의 영향으로 종교적이었던 저는 그렇게 하늘을 올려다보면서 하나님이 그 높은 곳 어딘가에 계실 것으로 생각했습니다.

하나님은 어디에 계실까요? 신학자들은 이에 대해 무소부재無所不在라는 4개의 한자단어로 대답할 것입니다. 그것은 '하나님께서 계시지 않은 곳이 없다,' 즉 그분은 어디에나 계신다는 뜻입니다. 교리적으로 그 대답은 정확합니다. 그러나 여전히 많은 사람은 실제로 그 교리를 믿지 않는 것 같습니다. 어릴 때 제가 그랬던 것처럼 그들은 하나님께서 어떤 특정한 곳에 계실 것으로 생각합니다.

한국의 크리스천들에게 설문조사를 해보면 아마 가장 많은 사람이 하나님이 계실만한 곳으로 교회당을 꼽을 것입니다. 신자들이 주일날 예배를 마치고 교회당을 떠나면서 "하나님, 안녕히 계세요. 다음 주일에 뵙겠습니다."라는 인사를 드린다는 농담은 그저 단순한 우스갯소리에 그치지 않습니다. 그것은 많은 사람의 생각을 대변하는 말입니다. 그렇기 때문에 우리 한국 교인들에게 예배당은 그저 예배당이 아니라 "성전"聖殿입니다. 정확히 말하면 교회당은 하나님께서 당신의 특별한 임재를 약속하셨던 이스라엘의 성전과 같지 않지만 우리는 그렇게 부르기를 즐겨합니다. 어느 신학자가 한국교회의 영성을 일컬어 예배당 중심, 주일 중심, 담임목사 중심이라고 꼬집었는데 그것은 아마도 그 세 요소에 하나님이 임재하실 것이라는 일반 교인들의 생각과 연관이 있을지 모릅니다.

물론 하나님은 당신의 자녀들이 모여 예배하고 교제하는 동안 그 예배당 건물에 계십니다. 그러나 그분은 그곳에만 계시지는 않습니다. 물론 하나님은 예수께서 부활하신 주의 첫날을 성결케 하시고 그날에 특별한 의미를 부여하십니다. 그러나 그분은 그날에만 계시지 않습니다. 물론 하나님은 당신의 말씀을 전하는 목회자에게 임재하셔서 성령의 기름을 부으십니다. 그러나 그분은 목사와만 함께 계시는 분은 아닙니다. 기억하십니까? 그분은 무소부재의 하나님이십니다.

호주의 영성 작가 마이클 프로스트Michael Frost는 자신의 책

『일상, 하나님의 신비』에서 스티븐 스필버그가 만든 영화 《칼라퍼플》에 나오는 한 장면을 소개합니다. 그 영화에서 우피 골드버그는 문맹文盲의 하녀 역을 맡고 있는데 어느 날 친구와 먼지투성이의 작은 길을 걸어갑니다. 그들 옆으로는 철길을 따라서 울타리가 쳐져 있고 그 너머에 라일락으로 뒤덮인 보랏빛 언덕이 펼쳐져 있습니다. 온통 보라색으로 채색된 그 멋진 언덕을 짙푸른 빛의 청명한 하늘이 감싸고 저 멀리 지평선에는 몇 조각의 구름이 정취를 더하고 있습니다. 골드버그는 팔꿈치로 친구를 슬쩍 찌르면서 미소를 머금은 채 "저걸 봐! 하나님이 우리에게 눈길을 보내고 있잖니?"하고 부드럽게 말합니다.

예배당 중심의 영성에 익숙해진 사람에게 영화 속 골드버그의 말은 좀 엉뚱하게 들릴 수 있습니다. 그들은 거룩하신 하나님께서 누구나 다니는 길옆의 언덕에 계신다는 사실을 믿기 어려워할 것입니다. 그런 곳은 그들에게 정말 뜻밖의 곳이기 때문입니다. 그러나 성경은 하나님께서 어디에나 임재하시고 또 말씀하신다는 사실을 묘사하는 구절들로 가득 차 있습니다. 모세는 미디안 광야에서 양을 치다가 당시 중동지방의 야산에서 흔히 자라던 나무인 떨기나무 가운데 계신 하나님을 보았습니다. 이교도 발락은 당나귀를 통해 말씀하시는 하나님을 만나기도 했습니다. 이 세상과 자연 세계는 하나님께서 만드신 그분의 것이기 때문에 그분이 계시기에 의외인 곳은 없습니다. 통찰력 있는 작가 존 오트버그의 딸이며 그 자신이 뛰어난 작가인 멜로리 오트버그Mallory Ortberg는 하나님이 자연 속에 자신의 형상을 짜 넣으셨다면서 자기 아버지처럼 멋진 문체로 이렇게 묘사합니다.

하나님은 우리 곁에서 소리치고 계신다. 그분은 천지가 온통 눈으로 뒤덮인 산 속의 정밀한 적막 속에도 계신다. 그분은 대양의 파도 위에서 부서지는 햇살과 함께 춤추신다. 그분은 이 세상에서 오래되어 잊혀진 장소에서 썩어가고 있는 이끼와 켜켜이 바스러지는 혈암 속에도 몸을 숨기신다. 하늘을 찌를 듯이 솟아있는 뾰족한 산봉우리들은 하나님의 선하심을 증거한다. 모든 피조물, 자연의 내밀한 행위 하나하나 속에서 하나님이 우리에게 '안녕'하고 손을 흔들며 인사하고 계신다.

그렇습니다. 하나님은 저 천상이나 높은 천정의 예배당에만 계시지 않습니다. 그분은 우리가 접하는 모든 피조 세계 가운데 계십니다. 뿐만 아니라 그분은 우리의 일상 −우리의 가정과 일터와 우리가 들르는 커피숍과 늦은 저녁 땀 흘리며 운동하는 우리의 헬스장− 에도 계십니다. 하나님은 우리가 생각하는 것처럼 그렇게 종교적인 분이 아니십니다. 그분이 이 땅에 보내신 나사렛 예수는 그 첫 기적을 성전이나 회당이 아닌 결혼식장에서 베푸셨습니다. 그것도 물로 포도주를 만드는 − 오늘날의 보수적 크리스천들에게 상당히 당황스러운− 기적을 행하신 것입니다. 자연 세계와 마찬가지로 비종교적인 일상은 하나님의 임재를 위한 뜻밖의 장소가 아닙니다. 하나님은 작가 게리슨 케일러 Garrison Keillor의 표현처럼 "요리와 가벼운 담소, 옛날이야기, 남녀의 육체적 사랑, 낚시, 옥수수와 꽃, 운동, 음악, 책, 아이들을 키우고 동물들을 돌보는 평범한 일상 속, 젖어 든 은혜가 빛을 발하는 이 모든 곳에" 계시며 말씀하십니다.

물론 하나님은 당신께서 빚어 만드신 사람들 속에도 계십니다. 우리가 일상에서 직간접적으로 접하는 숱한 사람들 말입니다. 이렇게 말하면 긴 성직자 가운을 입은 목사나 사자후를 토하는 부흥사를 생각하는 사람들이 있을 것입니다. 그런가 하면 교육을 잘 받고 언변이 있을 뿐 아니라 믿음이 뛰어나며 점잖은 태도를 지닌 크리스천 기업가나 정치가를 떠올리는 자들도 있을 것입니다. 그러나 하나님은 그런 "크고 모범적"인 사람들 안에만 계시지 않습니다. 그분은 못 배운 사람이나 장애우나 가난한 사람들과 같은 "작고 사소한" 자 안에도 계십니다. 실제로 예수님은 감람산 강화를 통해 "양"과 "염소"를 가르는 종말의 심판을 예언하시면서 굶주린 자, 목마른 자, 나그네 된 자, 헐벗은 자, 병든 자, 감옥에 갇힌 자와 같은 "지극히 보잘것없는 자"에게 한 일이 바로 예수님 자신에게 한 것이라고 말씀하셨습니다. 그것은 우리 주님이 그 작은 자들 안에 계셨다는 뜻입니다.

『인도의 길을 걷고 있는 예수』라는 고전을 썼던 위대한 감리교 선교사 스탠리 존스Stanley Jones는 "예수님은 변칙적인 통로로 오신다."라고 말했습니다. 주께서 변칙적인 통로로 오실 때 그분을 알아보지 못하고 그분의 임재를 놓치는 어리석음을 우리는 얼마나 자주 범하고 있을까요? 우리가 살면서 만나는 많은 사람, 특별히 작은 자로 여겨지는 사람들은 하나님의 임재를 위한 뜻밖의 장소가 아님을 우리는 알아야 합니다.

언젠가 저는 한 목회자들의 모임에서 몇 년 전에 제가 섬기던 교회를 떠난 한 사람을 만난 적이 있었습니다. 그가 그 교회를 다닐 당시는 목회자가 아니었으나 교회를 나간 후 소명을 받고 개척교회를 세운 모양이었습니다. 그가 다가와서 인사하며 자기를 모르겠냐고 말까지 걸었지만 저는 그분을 알아보지 못했습니다. 그렇게 그를 몰라본 것은 시간이 좀 흐른 탓도 있지만 그를 그곳에서 만나리라고 전혀 예측하지 못했기 때문이었습니다. 만약 교회에서 만났다면 저는 그분을 좀 더 쉽게 알아볼 수 있었을 것입니다. 그러나 교단 목회자들의 모임은 그를 만나기에는 뜻밖의 장소였습니다.

만약 우리가 우리의 일상과 자연 세계와 평범한 사람들이 하나님의 임재를 위한 뜻밖의 곳이라고 생각한다면 우리는 거기 계시면서 말씀하시는 하나님을 못 알아볼지 모릅니다. 우리는 그냥 바쁘게 하나님을 스쳐 지나가며 그분께서 보내시는 눈길을 무시해버릴 것입니다. 그분이 손을 흔들며 안녕이라고 인사해도 그것이 다른 사람들을 향한 것이라고 짐작하며 관심을 두지 않을 것입니다. 그 결과로 우리는 하나님의 은혜를 놓치게 되며 삶의 대부분 시간을 하나님과 상관없이 보내게 될 것입니다.

하나님은 어디에 계실까요? 그분은 어디에나 계십니다. 그 말은 당신이 잘 예상하지 않은 곳에도 전혀 예측하지 못한 시간에도 그분이 계신다는 말입니다.

기억하십시오. 하나님이 계시기에 적당치 않거나 뜻밖의 곳은 없습니다. 그분은 교회당에도 계시지만 이 세상에도 계십니다. 그분은 우리의 종교적인 활동뿐 아니라 일상 가운데도 계십니다. 그분은 성직자나 모범적인 신앙인들뿐 아니라 평범한 사람들과 이 세상의 작은 자들 가운데도 계십니다. 그분은 구속의 주님일 뿐 아니라 창조의 주님이기도 하심을 우리는 인식해야 합니다. 우리는 떨기나무 가운데서 하나님을 보고 당나귀를 통해 그분의 음성 듣기를 기대해야 합니다. 우리는 아침에 일어나서부터 밤에 잠들기까지 그분의 임재 가운데 있게 해 달라고 기도해야 합니다. 우리는 사랑하는 친구뿐 아니라 지하철의 잡상인이나 별로 달갑지 않은 직장 동료를 통해 "변칙적인 통로"로 오시는 그리스도를 놓치지 않도록 주의해야 합니다. 마이클 프로스트는 우리 그리스도인의 눈이 더 이상 놀란 듯 활짝 열려 있지 않아서 "고흐의 작품 《해바라기》에서, 부서지는 파도 가운데서, 갓 태어난 아기의 해맑은 눈동자 속에서, 장미 한 송이 혹은 영화나 책 속에 등장하는 인물, 아름다운 노래, 계절의 변화 가운데서" 하나님을 발견하지 못한다고 개탄합니다.

이제 우리의 눈을 크게 뜨지 않겠습니까? 미친 듯 질주하는 삶의 속도를 좀 늦추고 이목을 집중하면 좋겠습니다. 우리에겐 눈 감은 영성에서 눈 뜬 영성으로의 변화가 필요합니다. 그래서 우리의 일상 가운데 계시는 하나님을 발견하고 케이블 TV보다 더 다양한 채널로 말씀하시는 그분의 음성을 들을 수 있어야 합니다. 존 오트버그의 표현처럼 "생각보다 가까이 계신" 그 하나님의 은혜에 항상 노출됨으로써 우리는 점점 그분의 형상을 닮게 될 것입니다.

예배당 중심, 주일 중심, 담임목사 중심의 눈멀고 조각난 영성에 질렸습니까? 모세의 경우처럼 당신의 일상에서도 평범한 야산의 가장자리가 거룩한 땅으로 바뀌는 흥분감을 누리기 원하나요? 눈 뜬 영성으로 사십시오. 하나님이 계시기에는 적절치 않다고 생각한 곳을 더 주의 깊게 바라보십시오. 그리고 그곳에 하나님은 어떤 모습으로 어떻게 계시는지 질문하십시오. (그것은 실로 위대하고 아름다운 물음표입니다!) 당신은 그 뜻밖의 장소에서, 그야말로 뜻밖의 순간에 당신에게 손을 흔드시며 다가오시는 하나님을 만나게 될 것입니다.

2007. 1. 18.

2019년 11월 18일 초판 2쇄 발행

지은이 ｜ 이재기

펴낸곳 ｜ 사랑빚는글방

펴낸이 ｜ 문현숙

디자인 ｜ 최원희

등　록 ｜ 제 2017-000011호

주　소 ｜ 경기도 군포시 고산로 643번길 9

전　화 ｜ 070-4025-0648

팩　스 ｜ 070-7854-8262

이메일 ｜ ceraforjc@naver.com

정　가 ｜ 12,000원

ISBN 979-11-962034-0-5 03230